Hans-Peter Oswald:

So verkaufen Sie erfolgreich Domains

Der ultimative Leitfaden für den erfolgreichen
Domain-Verkauf und Domain-Handel

Inhaltsverzeichnis:

Vorwort

Der Verkauf von Domainnamen kann für Webmaster sehr profitabel sein. Dies ist insbesondere dann der Fall, wenn der Webmaster einen Domainnamen verkauft, zu dem eine Webseite mit Traffic gehört. In diesen Fall können Domainnamen Tausende von Dollar für ihre Webmaster generieren. Es gobt sogar Domain-Namen, die es Webmastern ermöglichten, Millionengewinne zu erzielen.

Mit ein wenig Grundwissen können Sie solche Erfolge selbst nachahmen. Dieser Buch enthält die notwendigen Informationen anhand einer leicht verständlichen Schritt-für-Schritt-Anleitung.

Zuerst müssen Sie ein Suchmaschinen-Keyword finden, das häufig gesucht wird, aber von anderen Websites nicht oft verwendet wird. Sie können dies tun, indem Sie einen Keyword-Analysator verwenden. Die besten Keyword-Analysatoren sind diejenigen, für die Sie bezahlen, wie z. B. Word Tracker oder Keyword Analyzer. Der Grund, warum diese gegenüber kostenlosen vorzuziehen sind, liegt darin, dass sie Ihnen mitteilen, wie viel Konkurrenz Sie mit einem potenziellen

Schlüsselwort haben. Kostenlose sagen Ihnen nur, wie oft nach dem Schlüsselwort gesucht wurde. Wenn Geld ein Problem ist, versuchen Sie, einen kostenpflichtigen Keyword-Analysator zu bekommen, der eine kostenlose Probzeit anbietet, wie z. B. Word Tracker. Sie können auf die kostenpflichtige Version upgraden, sobald Sie vom Verkauf Ihrer Domainnamen profitieren.

Nachdem Sie Ihr Schlüsselwort ausgewählt haben, müssen Sie einen Domainnamen und Webhosting erhalten.

Warum brauchen Sie Webhosting, wenn Sie nur den Domainnamen verkaufen? Das liegt daran, dass Sie eine Website benötigen, um den Verkehr zu diesem Domainnamen zu lenken. Ohne eine Website werden Besucher nicht zu dem von Ihnen ausgewählten Domainnamen zurückkehren wollen. Dies verringert das Hauptelement, das einem Domainnamen Rentabilität verleiht: Traffic.

Versuchen Sie auf jeden Fall, ein Paket zu bekommen, das sowohl Webhosting als auch einen Domainnamen gleichzeitig enthält, da Sie sich später keine Gedanken über die Aktivierung der Webseite machen müssen.

Stellen Sie bei der Auswahl Ihres Domainnamens sicher, dass Sie Ihr ausgewähltes Schlüsselwort in seine Formulierung aufnehmen. Wenn Sie feststellen, dass Ihr ausgewähltes Schlüsselwort als Domainname verwendet wird, versuchen Sie, Änderungen vorzunehmen, indem Sie beispielsweise „a1", „183" oder „151" sagen. Angenommen, das Schlüsselwort "Karriere" wird als Domainname verwendet. Du könntest „A1 Karriere", „Karriere 183" oder „Karriere 151" registrieren.

Alternativ können Sie versuchen, nach einem verwandten Schlüsselwort zu suchen, das nicht als Domainname verwendet wird. Wie auch immer, versuchen Sie es weiter, bis Sie einen einprägsamen, aber dennoch schlüsselwortreichen Domainnamen erhalten, der immer noch eine .com-Endung hat.

Jetzt müssen Sie eine Website für Ihren Domainnamen erstellen. Sie muss nicht groß: Sogar eine Webseite aus einer Seite könnte ausreichen, wenn Sie eine so einfache Website nicht stört.

Schreiben Sie einen Artikel, der sich auf das von Ihnen gewählte Schlüsselwort bezieht, und erstellen Sie eine einfache Website mit Microsoft Word (stellen Sie sicher, dass Sie das Dokument als .HTML-Datei speichern) oder mit Wordpress.

Melden Sie sich bei Adsense und/oder einem Partnerprogramm an, damit Sie Ihren Besuchern zusätzliche Ressourcen anbieten können. Sie verdienen auch eine Provision, wenn ein Verkauf getätigt oder ein Clickthrough generiert wird (abhängig vom Programm, dem Sie beigetreten sind).

Sobald Ihre Website hochgeladen ist, müssen Sie sich auf den Trafficaufbau konzentrieren. Sie können einen anfänglichen Schub erhalten, indem Sie Traffic kaufen, aber stellen Sie sicher, dass das Unternehmen, von dem Sie Ihren Traffic kaufen, abgelaufene Domainnamen verwendet und nicht Bots oder sogar Incentive-Traffic (z. B. bezahlte E-Mails). Aber auch danach müssen Sie versuchen, eingehende Links aufzubauen. Dies sind Websites, die auf Sie verlinken.

Schreiben Sie einen Artikel zu Ihrer Website und veröffentlichen Sie diesen Artikel als

Pressemitteilung und in den sozialen Medien wie Linkedin. Dadurch erhalten Sie Backlinks, um den Traffic Ihrer Webseite zu vergössern.

Bauen Sie Ihre Links weiter auf, bis Sie einen stetigen Traffic-Strom erhalten. Wenn Sie genug Traffio haben, erhalten Sie eine Alexa-Bewertung. Wenn die Bewertung zufriedenstellend ist, finden Sie einen Gutachter für Domainnamen und sehen Sie, wie viel Ihr Domainname kosten kann. Dies gibt Ihnen eine Vorstellung davon, wie viel Sie realistisch bekommen können, aber lassen Sie sich nicht entmutigen, wenn die Zahl niedrig erscheint. Warum? Das liegt daran, dass sich einige Leute mehr um den Traffoc kümmern, den Ihr Domainname erhält, als um die SEO-Elemente.

Wie auch immer, wenn Sie sich bereit fühlen, bieten Sie Ihren Domainnamen zur Auktion an. Möglicherweise möchten Sie sogar Ihre ursprüngliche Website einbeziehen, obwohl dies optional ist. Wenn der Domainname verkauft wird, müssen Sie ihn auf das Konto des neuen Webmasters übertragen. Ihr Webhosting-Unternehmen kann Ihnen dabei helfen.

Mit Ihrem Gewinn möchten Sie vielleicht in Betracht ziehen, das Wagnis mit einem abgelaufenen Domainnamen erneut zu wagen. Dadurch erhalten Sie einen Traffic-Schub, ohne den eigentlichen Prozess des Traffic-Aufbaus durchlaufen zu müssen

Hans-Peter Oswald

Kapitel 1: Einleitung

Willkommen zu "So verkaufen Sie erfolgreich Domains. Der ultimative Leitfaden für den Domain-Verkauf und Domain-Handel".

In der heutigen digitalen Welt sind Domain-Namen mehr als nur Adressen im Internet – sie sind wertvolle Ressourcen, die das Potenzial haben, Geschäfte und Marken zu repräsentieren und aufzubauen. Domain-Namen sind wie digitale Grundstücke, die darauf warten, von cleveren Investoren entdeckt und entwickelt zu werden.

Im Laufe der Jahre hat der Domain-Handel an Popularität und Bedeutung gewonnen. Einige Menschen haben erhebliche Gewinne durch den Kauf und Verkauf von Domain-Namen erzielt, und viele mehr sind daran interessiert, es ihnen gleichzutun. Wie bei jeder Investitionsmöglichkeit gibt es jedoch keine Garantie für Erfolg, und der Weg zum Erfolg im Domain-Handel kann komplex und herausfordernd sein.

In diesem Buch werden wir Ihnen alles beibringen, was Sie wissen müssen, um sich in der Welt des Domain-Handels zurechtzufinden und Ihre Domains gewinnbringend zu verkaufen.

Wir werden die Grundlagen von Domain-Namen erläutern, wie Sie wertvolle Domains finden und registrieren, wie Sie den Wert Ihrer Domains bestimmen, und wie Sie Ihre Domains erfolgreich vermarkten und verkaufen können. Wir werden auch rechtliche Rahmenbedingungen und Schutz vor Domain-Streitigkeiten diskutieren sowie einige Erfolgsgeschichten aus der realen Welt präsentieren, um Sie zu inspirieren und zu motivieren.

Unser Ziel ist es, Ihnen ein solides Verständnis des Domain-Handels und seiner verschiedenen Aspekte zu vermitteln und Ihnen die Werkzeuge und Strategien an die Hand zu geben, die Sie benötigen, um erfolgreich in diese aufregende Branche einzusteigen. Ob Sie gerade erst anfangen oder bereits Erfahrung im Domain-Handel haben und Ihre Kenntnisse erweitern möchten, dieses Buch ist für Sie geschrieben.

Begleiten Sie uns auf dieser Reise und entdecken Sie, wie Sie durch den erfolgreichen Verkauf von Domains ein Vermögen aufbauen können.

Kapitel 2:

Domain-Namen: Grundlagen und Bedeutung

2.1 Was ist ein Domain-Name?

Ein Domain-Name ist eine eindeutige Zeichenfolge, die eine Adresse im Internet repräsentiert. Er dient als benutzerfreundlicher Identifikator für Websites und andere Webdienste. Domain-Namen sind Teil des Domain Name System (DNS), das im Hintergrund arbeitet, um den Benutzern dabei zu helfen, Websites und andere Ressourcen im Internet aufzurufen, ohne die komplexen numerischen IP-Adressen (Internet Protocol Adressen) kennen zu müssen, die Computer verwenden, um miteinander zu kommunizieren.

Jeder Name einer Domain im Internet besteht aus einer Folge von durch Punkte getrennten Namen. Die Bezeichnung Top-Level-Domain (vom englischen top level domain, übersetzt Bereich oberster Ebene; Abkürzung TLD) bezeichnet dabei den letzten Namen dieser Folge und stellt die höchste Ebene der Namensauflösung dar. Heißt der Rechner beispielsweise www.domainregistry.de, so ist .de die Top-Level-Domain dieses Rechnernamens.

Im sogenannten Domain Name System (DNS) werden die kompletten Namen und damit auch die TLDs referenziert und aufgelöst, also einer eindeutigen IP-Adresse zugeordnet. Die Registrierungsstelle legt dabei einen Datenbank-Eintrag über den Inhaber an, der Whois-Abfragen über das gleichnamige Protokoll, ähnlich einem Telefonbuch, ermöglicht.

2.2 Die Struktur eines Domain-Namens

Ein Domain-Name besteht aus mehreren Teilen, die durch Punkte getrennt sind. Die Hauptbestandteile eines Domain-Namens sind der Second-Level-Domain (SLD) und die Top-Level-Domain (TLD). Zum Beispiel, im Domain-Namen "example.com":

- "example" ist der Second-Level-Domain
- ".com" ist die Top-Level-Domain

Es gibt auch Subdomains, die vor dem Second-Level-Domain stehen können, um spezifische Bereiche oder Dienste einer Website zu identifizieren. Zum Beispiel, "blog.example.com" wäre eine Subdomain von "example.com".

2.3 Top-Level-Domains (TLDs)

Top-Level-Domains (TLDs) sind die höchste Ebene im Domain Name System und sind in verschiedene Kategorien unterteilt:

1. Generische Top-Level-Domains (gTLDs):

Sie sind die am häufigsten verwendeten TLDs und umfassen bekannte Endungen wie ".com", ".net", ".org" und ".info".

2. Länderspezifische Top-Level-Domains

(ccTLDs): Sie sind TLDs, die auf Länder oder Gebiete abzielen und in der Regel aus zwei Buchstaben bestehen. Beispiele sind ".de" für Deutschland, ".uk" für das Vereinigte Königreich und ".jp" für Japan. Viele ccTLDs haben spezifische Registrierungsanforderungen, wie z.B. einen Wohnsitz oder eine Geschäftsadresse im jeweiligen Land.

Link:

https://www.domainregistry.de/domain.html

2. Sponsored Top-Level-Domains (sTLDs):

Diese TLDs sind für bestimmte Branchen oder Organisationen reserviert und erfordern häufig bestimmte Kriterien oder Qualifikationen, um sie registrieren zu können. Beispiele sind ".aero" für Luftfahrt, ".coop" für Genossenschaften und ".cat" für Katalonien.

3. Neue Top Level Domains

Die Neuen Top Level Domains sind von ICANN seit 2013 eingeführt worden. Beispiele dafür: .xyz und .berlin.

Link:

https://www.domainregistry.de/neue-domains.html

2.4 Die Bedeutung von Domain-Namen

Domain-Namen sind entscheidend für die Identität und das Online-Branding von Unternehmen und Organisationen. Ein guter Domain-Name kann:

1. Glaubwürdigkeit und Vertrauen aufbauen:

Ein professioneller und leicht verständlicher Domain-Name kann dazu beitragen, das Vertrauen der Benutzer in eine Website und die dahinterstehende Marke oder Organisation zu stärken. Eine gut gewählte Domain signalisiert Seriosität und Zuverlässigkeit.

2. Wiedererkennbarkeit und Markenbildung fördern:

Ein einprägsamer und markanter Domain-Name hilft, Ihre Marke von der Konkurrenz abzuheben und bei Ihrem Publikum einen bleibenden Eindruck zu hinterlassen. Ein kreativer und einzigartiger Domain-Name kann die Basis für eine starke Markenbildung und -identität sein.

3. Suchmaschinenoptimierung (SEO) verbessern:

Domain-Namen mit relevanten Keywords tragen dazu bei, die Sichtbarkeit einer Website in den Suchmaschinenergebnissen zu erhöhen. Obwohl der Einfluss von Keywords im Domain-Namen im Laufe der Zeit abgenommen hat, kann ein gut gewählter Domain-Name immer noch einen positiven Einfluss auf die SEO haben.

3. Den Traffic auf eine Website lenken:

Ein guter Domain-Name kann dazu beitragen, dass Benutzer Ihre Website leichter finden und sich daran erinnern, was wiederum den Traffic auf Ihrer Website erhöhen kann. Außerdem kann ein attraktiver Domain-Name dazu führen, dass Benutzer eher auf Ihre Website klicken, wenn sie in den Suchergebnissen oder auf anderen Websites erscheint.

4. Den Wert eines Unternehmens oder einer Marke steigern:

Ein wertvoller Domain-Name kann den Wert eines Unternehmens oder einer Marke erheblich steigern, da er als digitales Vermögen angesehen wird. Unternehmen, die in wertvolle Domain-Namen investieren, können diese als strategische Investition betrachten, die ihnen dabei hilft, ihre Online-Präsenz zu stärken, ihre Marktposition zu festigen und langfristig ihren Wert zu erhöhen.

Aus diesen Gründen ist es für Unternehmen und Organisationen wichtig, in die richtigen Domain-Namen zu investieren und eine durchdachte Domain-Strategie zu entwickeln. Ein guter Domain-Name kann nicht nur einen erheblichen Unterschied für den Erfolg einer Website und einer Marke im digitalen Zeitalter machen, sondern auch für das Unternehmen selbst.

2.5 Auswahl der richtigen Domain-Endung

Die Wahl der richtigen TLD für Ihre Domain ist entscheidend, da sie Einfluss auf die

Wahrnehmung der Website und deren Erfolg in den Suchergebnissen haben kann.

Hier sind einige Faktoren, die Sie bei der Auswahl einer TLD berücksichtigen sollten:

1. Zielgruppe:

Wenn die Website auf ein bestimmtes Land oder eine bestimmte Region abzielt, kann es sinnvoll sein, eine länderspezifische TLD (ccTLD) zu wählen, um ein lokales Publikum anzusprechen. Zum Beispiel zeigt eine De-Domain, dass Ihre Website sich an deutsche Besucher richtet, während eine .co.uk-Domain auf ein britisches Publikum abzielt.

2. Branche oder Nische:

Die Wahl einer branchenspezifischen TLD (wie .tech, .shop oder .travel) kann Ihre Domain für Ihre Zielgruppe relevanter machen und den Zweck Ihrer Website klarer kommunizieren. Solche nTLDs können auch dazu beitragen, sich von der Konkurrenz abzuheben.

3. Verfügbarkeit:

Die Verfügbarkeit des gewünschten Domain-Namens kann Ihre Wahl der TLD beeinflussen. Da com-Domains sehr begehrt sind, ist es oft schwierig, den gewünschten Namen in dieser TLD zu bekommen. In solchen Fällen kann es sinnvoll sein, eine alternative TLD in Betracht zu ziehen, die noch verfügbar ist.

4. Markenbildung:

Die Wahl einer TLD, die gut zu Ihrer Marke passt und leicht zu merken ist, kann dazu beitragen, Ihre Online-Präsenz zu stärken. Eine einprägsame und markante TLD kann helfen, die Wahrnehmung Ihrer Marke zu verbessern und die Besucherbindung zu erhöhen.

5. Suchmaschinenoptimierung (SEO):

Obwohl Google und andere Suchmaschinen angegeben haben, dass die Wahl der TLD in der Regel keinen großen Einfluss auf die Suchmaschinen-Rankings hat, können bestimmte TLDs dennoch Vorteile bieten. Zum Beispiel zeigen einige Studien an, dass Länder-

Domains in den lokalen Suchergebnissen tendenziell besser abschneiden als generische Domains.

Bei der Auswahl der richtigen TLD für den Domain namen ist es wichtig, die oben genannten Faktoren sowie Ihre individuellen Bedürfnisse und Ziele zu berücksichtigen. In vielen Fällen kann es sinnvoll sein, mehrere TLDs zu registrieren, um Ihre Marke zu schützen und Ihre Reichweite im Internet zu erweitern.

Kapitel 3: Die richtigen Domains entdecken und registrieren

3.1 Trends und Nischenmärkte analysieren

Um wertvolle Domain-Namen zu finden, sollten Sie zunächst die aktuellen Trends und Nischenmärkte in der Wirtschaft und im Internet untersuchen. Achten Sie auf aufstrebende Technologien, Branchen oder Verbraucherverhalten, die das Potenzial haben, sich in den kommenden Jahren weiter zu entwickeln. Indem Sie frühzeitig in solche Trends investieren, können Sie möglicherweise wertvolle Domain-Namen sichern, bevor sie stark nachgefragt werden.

3.2 Keyword-Recherche-Tools verwenden

Keyword-Recherche-Tools wie Google Ads Keyword Planner, Ahrefs oder Moz können Ihnen helfen, beliebte Suchbegriffe und Themen zu identifizieren, die in Ihrer Branche oder Nische relevant sind. Durch die Verwendung dieser Tools können Sie Domain-Namen mit hohem Suchvolumen und geringer Konkurrenz finden, die das Potenzial haben, wertvoll zu werden.

3.3 Abgelaufene Domains aufspüren

Abgelaufene Domains sind Domain-Namen, die von ihren bisherigen Inhabern nicht verlängert wurden und daher wieder zur Registrierung freigegeben wurden. Manchmal haben diese Domains bereits einen gewissen Wert aufgebaut, sei es durch Backlinks, Traffic oder Markenbekanntheit. Sie können Websites wie ExpiredDomains.net, DomCop oder FreshDrop nutzen, um abgelaufene Domains zu finden und nach verschiedenen Kriterien zu filtern, um potenziell wertvolle Domains zu identifizieren.

3.4 Domain-Registrierung und Auswahl eines Domain-Registrars

Sobald Sie eine wertvolle Domain gefunden haben, ist es an der Zeit, sie zu registrieren. Hier sind einige Schritte und Best Practices zur Domain-Registrierung:

- Wählen Sie einen zuverlässigen Domain-Registrar:

Ein Domain-Registrar ist eine Organisation, die Domain-Namen verwaltet und registriert, wie zum Beispiel ICANN Registrar Secura (www.domainregistry.de). Wählen Sie einen Registrar mit einem guten Ruf, transparenten Preisen und ausgezeichnetem Kundenservice.

- Prüfen Sie die Verfügbarkeit:

Verwenden Sie die Suchfunktion des Registrars, um die Verfügbarkeit Ihrer gewünschten Domain zu prüfen. Wenn die Domain bereits registriert ist, können Sie möglicherweise alternative TLDs oder Schreibweisen in Betracht ziehen.

- Registrieren Sie Ihre Domain:

Füllen Sie die erforderlichen Informationen aus und schließen Sie den Registrierungsprozess ab. Stellen Sie sicher, dass Ihre Kontaktinformationen korrekt und aktuell sind, da dies für die Verwaltung Ihrer Domain und die Kommunikation mit dem Registrar wichtig ist.

- Überlegen Sie, ob Sie zusätzliche Dienstleistungen nutzen möchten:

Viele Registrare bieten zusätzliche Dienstleistungen an, wie zum Beispiel Domain-Privacy, Website-Hosting und E-Mail-Hosting. Abhängig von Ihren Bedürfnissen und Plänen für die Domain kann es sinnvoll sein, einige dieser Dienstleistungen in Anspruch zu nehmen

Link:

https://www.domainregistry.de/webspace1.html

- Verlängern Sie Ihre Domain rechtzeitig

Achten Sie darauf, Ihre Domain rechtzeitig zu verlängern, um zu verhindern, dass sie abläuft und möglicherweise von jemand anderem registriert wird. Manche Registrare bieten automatische Verlängerungen an, aber es ist dennoch ratsam, die Verlängerungsfristen im Auge zu behalten und sicherzustellen, dass Ihre Zahlungsinformationen auf dem neuesten Stand sind.

Zusammenfassend ist das Entdecken und Registrieren der richtigen Domains entscheidend für den Erfolg Ihrer Domain-Handelsstrategie.

Indem Sie Trends und Nischenmärkte analysieren, Keyword-Recherche-Tools verwenden und abgelaufene Domains aufspüren, können Sie wertvolle Domain-Namen identifizieren und sichern. Achten Sie darauf, einen zuverlässigen Domain-Registrar zu wählen und Ihre Domain rechtzeitig zu verlängern, um Ihre Investition zu schützen und das Potenzial Ihrer Domain zu maximieren.

Link:

https://www.domainregistry.de

Kapitel 4: Domain-Namen registrieren

4.1 Auswahl eines geeigneten Domain-Registrars

Ein Domain-Registrar ist ein Unternehmen, das Domain-Namen registriert und verwaltet. Bei der Auswahl eines Registrars sollten Sie Folgendes berücksichtigen:

1. Reputation: Wählen Sie einen Registrar mit gutem Ruf, der für seine Zuverlässigkeit und seinen Kundenservice bekannt ist.

2. Preis: Vergleichen Sie die Preise verschiedener Registrare, um sicherzustellen, dass Sie einen wettbewerbsfähigen Preis erhalten. Achten Sie dabei auch auf versteckte Gebühren und die Kosten für Verlängerungen.

3. Benutzerfreundlichkeit: Die Benutzeroberfläche und Verwaltungsfunktionen des Registrars

sollten einfach zu bedienen und zu
navigieren sein.

4. Kundensupport: Ein guter Registrar sollte
   leicht erreichbar sein und qualitativ
   hochwertigen Support bieten, falls Sie Hilfe
   oder Unterstützung benötigen.

5. Zusatzleistungen: Einige Registrare bieten
   zusätzliche Dienstleistungen an, wie zum
   Beispiel Domain-Privacy, Web-Hosting und
   E-Mail-Hosting. Berücksichtigen Sie diese
   Angebote bei der Auswahl eines Registrars,
   falls Sie solche Dienstleistungen benötigen.

Es ist eine Geschichte unter vielen über verlorene
Internet-Adressen:

"Early Tuesday, gamers woke up to find out that
they couldn't log in to any Sony Online
Entertainment games--no Everquest, no
Planetside 2, none of them. Oddly, the forums
where company reps might have posted some
explanation weren't reachable, either. A bit of

journalistic investigation by EQ2Wire came across the explanation: SOE forgot to renew the domain registration on SonyOnline.net, the hidden domain that holds all their nameservers. After 8 weeks of non-payment post-expiration, NetworkSolutions reclaimed the domain, sending all access to Sony's games into an internet black hole. Sony has since paid up. SOE's president, John Smedley, has admitted that the expiration notices were being sent to an 'unread email' address."

So mancher Domaineigentümer wird denken, das kann mir nicht passieren: Ich zahle meine Domains pünktlich.

Aber nur einTeil der Domainverluste geht auf unpünktliche Zahlung zurück. Das Vergessen der Rechnungsnummer auf dem Überweisungsbeleg kann beispielsweise auch zur Domainlöschung führen. Bei der Buchhaltung des Registrars gehen solche Fälle in den Topf der "Problemfälle" ein. Es kommt vor, daß die Buchhaltung den Problemfall bis zum Auslaufdatum nicht löst.

Aber auch wenn die Domaingebühr mit Rechnungsnummer überwiesen wird, kommt es vor, dass die Domain dennoch gelöscht wird. Der

Domaineigentümer hat nicht bemerkt, dass der Registrar sein Konto für Domainregistrierung gewechselt hat und auf ein altes Konto eingezahlt.

Was ist die Ursache dieser Probleme?

US-Registrare und Billig-Anbieter in Europa löschen eine Domain, wenn nicht bis zum Expiration Date der Domain die Domaingebühr bezahlt worden ist.

ICANN akkreditierter Registrar Secura arbeitet anders: Alle Domains der Kunden stehen auf Auto-Renewal. Manche Registrare praktizieren auch Autorenewal, aber löschen die Domain vor Ablauf der sogenannten Grace Period, wenn Sie keine Bezahlung erhalten haben. Sie sind dabei auf der sicheren Seite, weil sie die Domaingebühr bei der Registrierungsstelle in diesem Fall nicht bezahlen müsssen.

ICANN Registrar Secura geht dagegen ins Risiko: Die Firma lässt dem Kunden im Interesse der Sicherheit seiner Domains Zeit, um aufzuklären, warum eine Zahlung nicht eingetroffen ist.

Die Domains des Kunden werden in jedem Fall verlängert.

Der Verlust einer Domain ist für jede Firma schwerwiegend.

Ein Wort zu der Preisliste:

Es gibt bei der Secura GmbH einen transparenten Preis für die Domain pro Jahr. Viele Registrare haben neben dem Preis für ein Jahr eine Set-up-Gebühr, eine Gebühr für Transfer, eine Gebühr für Updates, eine Gebühr für Domaineigentümer-Änderung usw. Bei ICANN Registrar Secura sind alle diese Leistungen kostenfrei.

Mit der Methode jeden Handschlag zu berechnen, stellen viele Provider und Registrare sich rein optisch besser dar, weil ihr Jahrespreis pro Domain optischer niedriger dargestellt werden kann.

Die hundertfach für die Kunden eingerichten Weiterleitungen von Domains und E-Mails sind bei ICANN Registrar Secura kostenlos. Secura wählt für die Weiterleitungen keine billige, unsichere Variante. Die URL Weiterleitungen für

Domains der sichert Secura immer mit einem Let's Encrypt-Zertifikat auf eigenen Servern ab und realisiert auch komplexe Setups etwa mit Geo-Location-Browserweiche oder differenzierte Weiterleitungen für Sub-Domains und Sub-Directories. Einfache E-Mailweiterleitungen (z.B. Catch-all Adressen) sind inklusive Leistungen.

ICANN Registrar Secura bietet auch SSL/TLS-Zertifikate von kommerziellen Anbietern an. Diese Zertifikate sind, je nach Sicherheitskategorie, mit verschiedenen Gewährleistungen der Aussteller (500.000 USD und mehr) verbunden. Das Basis-Zertifikat (Thawte 183 SSL von Digicert) kostet 49,58 EUR zzgl. MwSt. pro Jahr und kann in wenigen Stunden implementiert werden. Darüberhinaus bietet Secura Wildcard und Spezial-Zertifikate für Szenarien mit hohen Sicherheitsanforderungen (Organization-validated certificates).

Sicherheit

Man kann die Leistungen von ICANN Registrrar nicht einfachmit denen anderer Registrare und Provider vergleichen. Die Kunden erhalten nicht einfach Domains, sondern ein Gesamtpaket.

Secura sieht als Dienstleister nicht die Domains im Mittelpunkt, sondern das Verhältnis zum Kunden. Daher rät Secura auch einmal, alte Domains wegen Löschung zu prüfen.

Alle wichtigen Domains können durch Anycast-Nameserver geschützt, auch sogennate Arpa-Domains.

Bei Secura sind zahlreiche große Konzerne Kunden. Sie haben sich für Secura entschieden, nicht obwohl, sondern weil sie fast alle Sparprogramme laufen haben.

Bei ICANN Registrar Secura können Kunden Registrierungen, Updadates und andere Aufgaben im state-of-the-art control panel Tag und Nacht selbst ausführen. Oder: Der Kunde beauftragt den Support von Secura für ihn tätig zu werden.

Bei den meisten der Mitwettbewerber von ICANN Registrar Secura ist es wie bei den Banken: der Kunden wird zum gratis Mitarbeiter.

Was einen Sinn macht es, eine Führungskraft in einem Konzern Tipp-Arbeiten bei Domainregistrierungen oder Änderungen an

Domains machen zu lassen? Die Arbeitskraft der Führungskraft ist viel zu teuer und mit Tipparbeiten fehlgeleitet.

Die Konzerne unter den Kunden haben sich auch für Secura entschieden, weil der Registrar aus Köln durch Service und Support - auf einen zweiten Blick- günstiger ist als die Mitwettwerber, wenn man bei einem Vergleich die durch den Service geringeren internen Kosten des Kunden berücksichtigt.

Besonders wird auch von Kunden die Breite des Angebotes geschätzt. Secura ist bei ICANN für zahlreiche Domainendungen akkreditiert und verwaltet praktisch alle aktiven Länder-Domains. Wer sich für ICANN Registrar Secura entscheidet, benötigt keinen zweiten Registrar für die kniffligen Domains.

Mit der Bezahlung der genannten Domainkosten bekommen die Kunden von Secura ein "allinclusive"-Paket. Bei einem Teil der Domains sind in den Preisen die Kosten für lokale Treuhänder als Eigentümer-Kontakt oder als Admin-C-Kontakt mitinbegriffen. Viele Anbieter weisen dort günstigere Preise aus, weil sie keine

Treuhänder stellen, sondern erwarten, dass der Kunde eine Firma in dem fraglichen Land besitzt, wenn er eine Domain wünscht.

Beispielsweise sind kostenfrei:

- Service (wie updates, Domainregistrierungen)
- Keine weiteren Kosten für Updates, Trades, Inhaberänderungen etc., selbst wenn sie bei den Registries kostenpflichtig sind
- Support und Beratung per Email und Telefon
- Nutzung von diversen Nameservern in allen möglichen Konstellationen und auch von Anycast-Nameserver für zwei Domains
- Weiterleitungen auf URLs, Subdomains oder Domains
- Anrufe kosten nur die normalen Telefongebühren, aus Kanada und USA gibt es Tollfree-Nummern.

Es gibt kein Call-Center und keine Wartezeiten am Telefon. Bei den Billig-Anbietern kommt es häufig vor, daß hochbezahlte Mitarbeiter von großen Firmen stundenlang auf den Telefonsupport warten müssen, der zum Teil in andere Länder wie

Indien ausgelagert ist und dessen Mitarbeiter die Detailprobleme der Domainregistrierung nicht kennen.

4.2 Verwaltung Ihrer Domains

Nachdem Sie Ihre Domain-Namen registriert haben, ist es wichtig, sie effektiv zu verwalten. Hier sind einige Aspekte der Domain-Verwaltung, die Sie beachten sollten:

1. Domain-Verlängerungen:

Stellen Sie sicher, dass Sie Ihre Domains rechtzeitig verlängern, um zu verhindern, dass sie ablaufen und von anderen registriert werden. Aktivieren Sie, wenn möglich, die automatische Verlängerung und überprüfen Sie regelmäßig Ihre Kontoeinstellungen, um sicherzustellen, dass Ihre Zahlungs- und Kontaktinformationen auf dem neuesten Stand sind.

2. DNS-Verwaltung:

Lernen Sie, wie Sie die DNS-Einstellungen Ihrer Domains ändern können, um sie auf Web-Hosting-Dienste, E-Mail-Server oder andere Dienste zu verweisen. DNS-Änderungen können einige Zeit in Anspruch nehmen, seien Sie also geduldig und planen Sie im Voraus, wenn Sie wichtige Änderungen vornehmen müssen.

3. Domain-Privacy:

Überlegen Sie, ob Sie für Ihre Domains eine anonyme Registrierung in Anspruch nehmen möchten, um Ihre persönlichen Informationen vor öffentlicher Einsicht zu schützen. Beachten Sie jedoch, dass anonyme Registrierungen zusätzliche Kosten verursachen können und in einigen Fällen möglicherweise nicht für alle TLDs verfügbar sind.

4.3 Anonyme Registrierungen, Domain-Transfers und weitere Themen

- Anonyme Registrierungen:

Eine anonyme Registrierung verbirgt Ihre persönlichen Informationen in der WHOIS-Datenbank, wodurch Ihre Privatsphäre geschützt wird. Es kann jedoch zusätzliche

Kosten verursachen und ist möglicherweise nicht für alle TLDs verfügbar.

- Domain-Transfers:

Wenn Sie mit Ihrem aktuellen Registrar unzufrieden sind oder bessere Konditionen bei einem anderen Registrar finden, können Sie Ihre Domain zu einem neuen Registrar übertragen. Beachten Sie jedoch, dass Transfers einige Tage dauern können und in der Regel eine Gebühr anfällt. Stellen Sie außerdem sicher, dass Ihre Domain nicht gesperrt ist und dass Sie den Authentifizierungscode (auch als EPP-Code oder Transfer-Code bezeichnet) von Ihrem aktuellen Registrar erhalten haben, bevor Sie den Transfer starten.

- Domain-Parking:

Domain-Parking ermöglicht es Ihnen, nicht genutzte Domains zu monetarisieren, indem temporäre, werbebasierte Webseiten eingerichtet werden, die Einnahmen aus Klicks generieren. Während Domain-Parking eine Möglichkeit ist, passives Einkommen zu erzielen, sollten Sie sich über die möglichen Auswirkungen auf den Wert der Domain und die Markenwahrnehmung im Klaren sein.

- Domain-Backorders:

Wenn eine Domain, an der Sie interessiert sind, bereits registriert ist und bald abläuft, können Sie eine Domain-Backorder aufgeben. Dabei handelt es sich um einen Service, der versucht, die Domain sofort nach ihrem Ablauf automatisch für Sie zu registrieren. Beachten Sie jedoch, dass Backorders keine Garantie bieten, dass Sie die Domain tatsächlich erhalten, da es auch andere Interessenten geben kann oder der aktuelle Inhaber die Domain verlängert.

Wer sich für eine Domain interessiert, die jemand anders gehört, aber eine bestimmte Domain haben will, kann bei Secura GmbH den Backorder-Service in Anspruch nehmen. Er muß sich nur per e-mail (secura@domainregistry.de) anmelden, um einen Service für Backorder zu günstigen

Reseller-Preisen von hunderten von Domainendungen zu bekommen.

Secura überwacht elektronisch die Domain als einen Service für den Kunden. Das erklärt auch den Erfolg des Angebotes. Kosten entstehen erst, wenn die Domain für den Kunden neu registriert wird.

Folgende Domainarten kann man beispielsweise von Secura catchen lassen

- de-domains
- com-domains
- net-domains
- org-domains
- info-domains
- biz-domains
- us-domains

Eine "expired" domain ist noch eine aktive Domain. Durch die Einführung der "redemption period" bei vielen Domains haben Domaininhaber die Möglichkeit einen Monat nach der Löschung der Domain durch den Registrar eine Domain wieder

zu bekommen. Nur domains, die 'pending delete'
sind, können kurzfristig registriert werden.

Secura kann den Kunden auch nicht absolut
garantieren, dass seine Domainrobotsd die
gewünschte Domain für registrieren kann, wenn
sie 'deleted' ist. Aber man kann Anlass zu
Hoffnung geben: Domains werden von ICANN
Registrar Secura im Bruchteil einer Sekunde
wieder registriert. Secura ist einer der ersten
ICANN akkredierten Registrare, die sich mit dem
Registrieren gelöschter Domains beschäftigt hat.

Insgesamt ist die erfolgreiche Registrierung und
Verwaltung von Domain-Namen entscheidend für
den Erfolg Ihres Domain-Handels. Die Wahl des
richtigen Domain-Registrars, die Verwaltung Ihrer
Domains und die Kenntnis der verschiedenen
Aspekte der Domain-Registrierung, wie anonyme
Registrierungen und Domain-Transfers, sind
entscheidend, um Ihre Investitionen zu schützen
und das Potenzial Ihrer Domains zu maximieren.

Link: https://www.domainregistry.de

Kontakt: secura@domainregistry.de

Kapitel 5:

Domain-Bewertung: Wie viel ist Ihre Domain wert?

5.1 Faktoren, die den Wert einer Domain beeinflussen

Bevor wir uns mit den verschiedenen Bewertungsmethoden befassen, ist es wichtig, die Faktoren zu verstehen, die den Wert einer Domain beeinflussen:

1. Keywords:

Domains, die beliebte und relevante Keywords enthalten, sind tendenziell wertvoller, da sie ein höheres Suchvolumen und damit mehr potenziellen Traffic aufweisen.

2. Traffic:

Eine Domain, die bereits organischen oder direkten Traffic aufweist, ist wertvoller, da sie bereits eine gewisse Bekanntheit und Präsenz im Internet aufgebaut hat.

3. Markenpotenzial:

Domains mit einprägsamen, kurzen und leicht verständlichen Namen haben ein höheres Marktpotenzial und höheres Markenpotenzial und sind daher tendenziell wertvoller.

4. Alter:

Ältere Domains können einen höheren Wert haben, da sie als etablierter und vertrauenswürdiger angesehen werden können, insbesondere wenn sie eine positive Verlauf in Bezug auf SEO und Backlinks aufweisen.

5. TLD:

Die Top-Level-Domain (TLD) kann ebenfalls den Wert beeinflussen, wobei com-Domains in der Regel als am wertvollsten angesehen werden, gefolgt von anderen generischen TLDs wie .net oder .org.

5.2 Domain-Bewertungsmethoden

Es gibt verschiedene Methoden und Tools, um den Wert einer Domain zu ermitteln:

1. Automatisierte Bewertungstools:

Es gibt mehrere Online-Tools, die
automatisierte Domain-Bewertungen
durchführen, basierend auf verschiedenen
Faktoren wie Suchvolumen, Verkehr und TLD.
Beispiele für solche Tools sind EstiBot,
GoDaddy, Domain Appraisal und DomainIndex.
Beachten Sie jedoch, dass diese Tools lediglich
Schätzungen liefern und der tatsächliche
Marktwert einer Domain von anderen Faktoren
abhängen kann.

2. Vergleichbare Verkäufe:

Eine weitere Methode zur Bewertung einer
Domain besteht darin, vergleichbare Domain-
Verkäufe (auch "Comps" genannt) zu
analysieren, um ein Gefühl für den Marktwert
ähnlicher Domains zu erhalten. Websites wie
NameBio, DNJournal und Sedo bieten
Datenbanken mit Domain-Verkaufsstatistiken,
die Ihnen bei der Ermittlung eines
angemessenen Preises für Ihre Domain helfen
können.

3. Fachmännische Bewertung:

In einigen Fällen kann es sinnvoll sein, eine professionelle Domain-Bewertung von Experten in Anspruch zu nehmen, die den Wert einer Domain basierend auf einer detaillierten Analyse der relevanten Faktoren ermitteln. Unternehmen wie Sedo, Epik und DomainAgents bieten solche Dienstleistungen an.

Zusammenfassend ist die Bewertung einer Domain entscheidend, um ein besseres Verständnis für den potenziellen Wert Ihrer Domain-Namen zu erhalten und realistische Verkaufspreise festzulegen. Indem Sie die Faktoren, die den Wert einer Domain beeinflussen, verstehen und verschiedene Bewertungsmethoden nutzen, können Sie fundierte Entscheidungen treffen und Ihre

Kapitel 6: Präsentation und Vermarktung Ihrer Domains

6.1 Professionelle Präsentation Ihrer Domains

Eine ansprechende und professionelle Präsentation Ihrer Domains ist entscheidend, um potenzielle Käufer auf Ihre Angebote aufmerksam zu machen und ihre Wertschätzung für die Domain zu steigern.

Hier sind einige Tipps, um Ihre Domains effektiv zu präsentieren:

1. Erstellen Sie eine ansprechende Verkaufsseite:

Entwerfen Sie eine ansprechende Verkaufsseite für jede Ihrer Domains, auf der Sie wichtige Informationen zur Domain, wie z. B. Alter, Verkehr, Bewertung und den Verkaufspreis, präsentieren. Die Seite sollte professionell gestaltet sein und ein klares Call-to-Action-Element (z. B. eine Schaltfläche "Jetzt kaufen" oder ein Kontaktformular) enthalten.

2. Verwenden Sie ein ansprechendes Design:

Achten Sie darauf, ein professionelles und ansprechendes Design für Ihre Verkaufsseite und andere Marketingmaterialien zu verwenden. Dies kann dazu beitragen, das Vertrauen der potenziellen Käufer in Ihre Domain und Ihr Angebot zu stärken.

3. Setzen Sie auf aussagekräftige Domain-Logos:

Erstellen Sie für jede Ihrer Domains ein aussagekräftiges und ansprechendes Logo, das den Wert und die Einzigartigkeit der Domain hervorhebt. Ein gutes Logo kann das Markenpotenzial Ihrer Domain unterstreichen und das Interesse potenzieller Käufer wecken.

6.2 Vermarktung Ihrer Domains

Nachdem Sie Ihre Domains professionell präsentiert haben, ist es Zeit, sie aktiv zu vermarkten, um potenzielle Käufer zu erreichen. Hier sind einige Strategien, um Ihre Domains effektiv zu vermarkten:

1. Listen Sie Ihre Domains auf Marktplätzen:

Nutzen Sie Domain-Marktplätze wie Sedo, Flippa und Afternic, um Ihre Domains einem breiten Publikum von potenziellen Käufern zu präsentieren. Achten Sie darauf, aussagekräftige Beschreibungen und Bilder zu verwenden, um das Interesse der Käufer zu wecken.

2. Nutzen Sie soziale Medien und Online-Foren:

 Promoten Sie Ihre Domains auf sozialen Medien wie Facebook, Twitter, LinkedIn und Instagram sowie in Domain-spezifischen Online-Foren wie NamePros oder DNForum. Teilen Sie Informationen über Ihre Domains und bieten Sie interessierten Käufern Möglichkeiten zur Kontaktaufnahme.

3. E-Mail-Marketing

Erstellen Sie eine Liste von potenziellen Käufern und Interessenten und nutzen Sie E-Mail-Marketing, um sie über Ihre Domains und Angebote zu informieren. Stellen Sie sicher, dass Ihre E-Mails professionell gestaltet sind und den Empfängern einen klaren Mehrwert bieten. Beachten Sie dabei, dass Sie nicht Kunden per Email anschreiben, mit denen Sie keine Geschäftsbeziehung haben.

4. Networking und Branchenevents:

Nehmen Sie an Domain- und Branchenevents teil, um Kontakte zu knüpfen und Ihre Domains persönlich vorzustellen. Networking kann Ihnen helfen, potenzielle Käufer und Partner für zukünftige Geschäfte zu finden.

Durch eine professionelle Präsentation und gezielte Vermarktung Ihrer Domains können Sie das Interesse potenzieller Käufer wecken und die Chancen auf erfolgreiche Verkäufe erhöhen. Achten Sie darauf, alle verfügbaren Marketingkanäle und -strategien zu nutzen, um Ihre Domains effektiv zu präsentieren und potenzielle Käufer zu erreichen. Durch kontinuierliche Optimierung Ihrer Präsentations- und Vermarktungsstrategien können Sie die Sichtbarkeit Ihrer Domains erhöhen und Ihre Erfolgschancen im Domain-Handel maximieren.

Kapitel 7: Die Kunst der Preisgestaltung und Verhandlung

7.1 Preisgestaltung Ihrer Domains

Die Preisgestaltung Ihrer Domains ist ein entscheidender Aspekt des Verkaufsprozesses. Eine angemessene Preisstrategie kann dazu beitragen, das Interesse potenzieller Käufer zu wecken und erfolgreiche Verkäufe zu fördern. Hier sind einige Tipps zur Preisgestaltung Ihrer Domains:

1. Recherche:

Nutzen Sie Ihre Domain-Bewertung und vergleichbare Verkäufe, um einen realistischen Preis für Ihre Domain festzulegen. Untersuchen Sie den Markt und die Preise ähnlicher Domains, um ein Gefühl für den Marktwert Ihrer Domain zu erhalten.

2. Flexibilität:

Seien Sie bereit, flexibel zu sein und Ihre Preisvorstellungen anzupassen, um sich den Marktbedingungen und den Bedürfnissen potenzieller Käufer anzupassen. Eine starre

Preisgestaltung kann potenzielle Käufer abschrecken und den Verkauf verzögern.

3. Preisstrategien:

Überlegen Sie, welche Preisstrategie am besten zu Ihrer Domain passt. Sie können einen Festpreis festlegen, Verhandlungen zulassen oder sogar eine Auktion oder ein Bieterverfahren nutzen, um den Verkaufspreis zu bestimmen.

7.2 Verhandlungen führen

Eine erfolgreiche Verhandlung ist oft der Schlüssel zum Verkauf Ihrer Domain. Hier sind einige Tipps, um Ihre Verhandlungsfähigkeiten zu verbessern und erfolgreiche Deals abzuschließen:

1. Kommunikation:

Stellen Sie sicher, dass Sie klar und professionell kommunizieren, um das Vertrauen der Käufer aufzubauen und Missverständnisse zu vermeiden. Seien Sie offen für Fragen und bieten Sie detaillierte Informationen zu Ihrer Domain an.

2. Zuhören:

Hören Sie den Bedenken und Bedürfnissen der Käufer genau zu, um ein besseres Verständnis für ihre Erwartungen und Anforderungen zu erhalten. Dies kann Ihnen helfen, ein maßgeschneidertes Angebot zu erstellen und den Verkauf zu fördern.

3. Kompromisse eingehen

Seien Sie bereit, Kompromisse einzugehen und flexibel auf die Bedürfnisse der Käufer zu reagieren. Das kann bedeuten, den Preis zu senken, Zahlungspläne anzubieten oder zusätzliche Leistungen wie Domain-Transfer oder -Beratung bereitzustellen.

4. Geduld:

Üben Sie Geduld und setzen Sie Käufer nicht unter Druck. Geben Sie ihnen ausreichend Zeit, um über Ihr Angebot nachzudenken, und seien Sie bereit, den Verhandlungsprozess so lange wie nötig fortzusetzen, um eine Win-Win-Situation für beide Parteien zu erreichen.

Kapitel 8: Domain-Marktplätze, Auktionsplattformen und Broker

8.1 Domain-Marktplätze

Domain-Marktplätze sind Online-Plattformen, auf denen Käufer und Verkäufer von Domains zusammenkommen, um Domains zu kaufen und zu verkaufen. Einige der bekanntesten Domain-Marktplätze sind:

1. Sedo:

Sedo ist einer der größten Domain-Marktplätze mit einer breiten Auswahl an Domains und einer Vielzahl von Funktionen, wie z. B. Domain-Parking, Domain-Bewertung und Brokerage-Dienstleistungen.

2. Afternic:

Afternic ist ein weiterer großer Domain-Marktplatz, der Domains von verschiedenen Registraren auflistet und eine schnelle Übertragung von Domains ermöglicht.

3. Flippa:

Flippa ist eine Plattform, auf der neben Domains auch Websites, Apps und Online-Geschäfte gehandelt werden. Flippa bietet Auktionen, Festpreis-Angebote und Verhandlungen.

8.2 Auktionsplattformen

Auktionsplattformen ermöglichen den Verkauf von Domains durch Bieterverfahren und können eine gute Möglichkeit sein, den bestmöglichen Preis für Ihre Domain zu erzielen. Einige bekannte Auktionsplattformen sind:

1. GoDaddy Auctions:

GoDaddy Auctions ist eine beliebte Auktionsplattform, die sowohl abgelaufene Domains als auch Domains von Benutzern anbietet. Die Plattform ermöglicht es Benutzern, Domains in verschiedenen Auktionsformaten zu verkaufen.

2. NameJet:

NameJet ist eine Auktionsplattform, die sich auf abgelaufene und Premium-Domains spezialisiert hat. NameJet bietet sowohl öffentliche als auch private Auktionen an.

8.3 Domain-Broker

Domain-Broker sind Fachleute, die Käufer und Verkäufer von Domains zusammenbringen und den Verkaufsprozess vereinfachen. Sie können dabei helfen, den bestmöglichen Preis für Ihre Domain zu erzielen und die Verhandlungen zu erleichtern. Einige bekannte Domain-Brokerage-Dienste sind:

1. Sedo Domain Brokerage:

Sedo bietet professionelle Domain-Brokerage-Dienste an, die sowohl Käufern als auch Verkäufern helfen, den bestmöglichen Preis für ihre Domains zu erzielen.

2. Grit Brokerage:

Grit Brokerage ist ein Domain-Brokerage-Service, der sich auf den Handel von Premium-

Domains spezialisiert hat und Käufern und Verkäufern einen maßgeschneiderten Service bietet.

3. Media Options:

Media Options ist ein führender Domain-Broker, der Käufern und Verkäufern bei der Aushandlung von Domain-Transaktionen hilft und eine umfassende Beratung bietet.

Die Wahl des richtigen Marktplatzes, der Auktionsplattform oder des Brokers kann entscheidend für den Erfolg Ihrer Domain-Verkäufe sein. Indem Sie Ihre Optionen sorgfältig prüfen und die Vor- und Nachteile jedes Angebots abwägen, können Sie die Plattform oder den Broker auswählen, der am besten zu Ihren Bedürfnissen und Zielen passt.

Bei der Auswahl einer Plattform oder eines Brokers sollten Sie folgende Faktoren berücksichtigen:

1. Gebühren und Provisionen:

Untersuchen Sie die Gebührenstrukturen der verschiedenen Plattformen und Broker, um festzustellen, welche am kosteneffizientesten sind. Gebühren können sich auf Listenpreise, Verkaufsprovisionen und Zusatzleistungen beziehen.

2. Reichweite und Sichtbarkeit:

Wählen Sie eine Plattform oder einen Broker mit einer großen Benutzerbasis und guter Sichtbarkeit im Markt. Eine größere Reichweite erhöht die Wahrscheinlichkeit, potenzielle Käufer für Ihre Domain zu finden.

3. Benutzerfreundlichkeit und Funktionen:

Achten Sie darauf, dass die Plattform oder der Broker benutzerfreundlich ist und die Funktionen bietet, die Sie benötigen, um Ihre Domains effektiv zu präsentieren und zu verkaufen. Dazu können Domain-Übertragungsdienste, Bewertungstools und Verhandlungsunterstützung gehören.

4. Kundenservice und Support:

Bevorzugen Sie Plattformen und Broker, die einen guten Kundenservice und Support bieten. Dies kann bei der Lösung von

Problemen und der Beantwortung von Fragen während des Verkaufsprozesses hilfreich sein.

5. Erfolgsbilanz und Reputation:

Wählen Sie einen Marktplatz oder Broker mit einer guten Erfolgsbilanz und Reputation im Domain-Handel. Eine gute Reputation kann dazu beitragen, das Vertrauen potenzieller Käufer in Ihre Domains und Angebote zu stärken.

Liste der besten Plätze, um Domains zu verkaufen:

- Godaddy Auction
- Sedo
- Flippa Domain Marketplace
- Afternic
- NameCheap Marketplace.
- eBay
- NamePros Forum
- DNforum

Indem Sie die richtige Plattform oder den richtigen Broker für Ihre Domains auswählen, können Sie Ihre Erfolgschancen maximieren.

Kapitel 9: Warum ist der Verkauf von Domains durch persönliche Kontakte am erfolgreichsten?

Ein mögliches Szenario könnte so aussehen:

Sie haben Ihre Domain auf Sedo und Afternic angeboten. Ohne Erfolg. Sie haben gehört, dass ein Angebot auf Ebay erfolgsversprechend sein könnte. Leider hatten Sie auch auf Ebay keinen Erfolg. Sie lernten wie wichig der Domainmarkt auf den Domainforen von NamesPro und DNforum sein kann. Leider konnte Ihre Domain auch dort nicht verkauft werden.

Ist Ihre Domain unverkäuflich? Domainer wie Rick Schwartz haben ihre Domains auch auf den üblichen Marktplätzen angeboten. Sie haben allerdings mehr getan als das:

Sie haben Ihre Domains aktiv verkauft – durch persönliche Kontakte.

Sie können auch persönlich aktiv werden:

- durch Briefe
- durch Telefonanrufe
- durch Ansprache von Entscheidern auf Messen und Kongressen

- durch Emails

Bei dem Versenden von Emails sollten Sie beachten, dass sie laut EU-Gesetzen Firmen, mit denen Sie nicht in geschäftlichem Kontakt stehen, nicht per Email ansprechen dürfen. Falls Sie sich nicht an diese Regel halten, können Ihnen Abmahnungen drohen.

Der Domainhandel ist eine lukrative Branche, die sich auf den Kauf und Verkauf von wertvollen Domain-Namen konzentriert. Dabei sind persönliche Kontakte ein entscheidender Faktor für den Erfolg im Verkauf von Domains.

In diesem ausführlichen und detaillierten Kapitel werden wir die Bedeutung persönlicher Kontakte im Domainhandel untersuchen und erläutern, warum sie so effektiv sind.

1. Die Macht persönlicher Kontakte im Domainhandel

Persönliche Kontakte spielen im Domainhandel eine entscheidende Rolle aus verschiedenen Gründen:

a. Vertrauensbildung:

Der Aufbau von Vertrauen ist ein entscheidender Faktor im Domainhandel. Persönliche Kontakte ermöglichen es den beteiligten Parteien, einander kennenzulernen und Vertrauen aufzubauen, was zu erfolgreichen Geschäftsbeziehungen führen kann.

b. Zugang zu exklusiven Informationen:

Persönliche Kontakte können Zugang zu Insider-Informationen bieten, die anderen Marktteilnehmern nicht zugänglich sind. Dies kann wertvolle Einblicke in potenzielle Käufer, Preistrends und bevorstehende Transaktionen bieten.

c. Schnellere und effizientere Transaktionen:

Durch persönliche Kontakte können Domain-Verkäufe schneller und effizienter abgewickelt werden. Direkte Kommunikation ermöglicht es den beteiligten Parteien, Fragen und Bedenken schnell zu klären und Missverständnisse zu vermeiden.

2. Strategien für den Aufbau von persönlichen Kontakten im Domainhandel

Um persönliche Kontakte im Domainhandel aufzubauen und zu pflegen, sollten Sie die folgenden Strategien berücksichtigen:

a. Netzwerken:

Aktives Netzwerken ist entscheidend für den Aufbau von persönlichen Kontakten. Besuchen Sie Branchenveranstaltungen, nehmen Sie an Konferenzen teil und beteiligen Sie sich an Online-Foren und Social-Media-Gruppen, um wertvolle Beziehungen aufzubauen.

b. Reputation aufbauen:

Eine gute Reputation ist der Schlüssel zum Aufbau von Vertrauen und zum Knüpfen von persönlichen Kontakten. Seien Sie ehrlich, zuverlässig und professionell in all Ihren Geschäftsbeziehungen, um langfristig einen guten Ruf aufzubauen.

c. Zusammenarbeit und Partnerschaften:

Suchen Sie aktiv nach Möglichkeiten zur Zusammenarbeit und Partnerschaften mit anderen Marktteilnehmern. Dies kann dazu beitragen, Ihr Netzwerk zu erweitern und Ihre Reichweite auf dem Markt zu erhöhen.

d. Pflege von bestehenden Kontakten:

Es ist wichtig, bestehende persönliche Kontakte zu pflegen und zu stärken. Bleiben Sie in regelmäßigem Kontakt und zeigen Sie Interesse an den Aktivitäten und Erfolgen Ihrer Geschäftspartner.

3. Fallbeispiele: Erfolgsgeschichten von Domainverkäufen durch persönliche Kontakte

Im Laufe der Jahre haben zahlreiche Domainverkäufe durch persönliche Kontakte stattgefunden, die zu beeindruckenden Gewinnenführten.

Hier sind einige bemerkenswerte Beispiele:

a. Business.com:

Im Jahr 1999 wurde die Domain Business.com von Marc Ostrofsky für 9,5 Millionen US-Dollar verkauft. Ostrofsky hatte die Domain ursprünglich für 150.000 US-Dollar erworben. Der Verkauf wurde durch persönliche Kontakte und Verhandlungen mit dem Käufer, der Firma eCompanies, ermöglicht.

b. Hotels.com:

Im Jahr 2001 verkaufte David Roche die Domain Hotels.com für 19 Millionen US-Dollar an das gleichnamige Unternehmen. Roche, der die Domain ursprünglich für 2,4 Millionen US-Dollar gekauft hatte, verdankte seinen Erfolg persönlichen Kontakten und Verhandlungen mit dem Käufer.

c. Candy.com:

Im Jahr 2009 wurde die Domain Candy.com von Rick Schwartz für 3 Millionen US-Dollar verkauft. Schwartz hatte die Domain ursprünglich für 159.000 US-Dollar erworben. Der erfolgreiche Verkauf war auf seine persönlichen Kontakte und Verhandlungsgeschick zurückzuführen, die ihm halfen, einen Käufer für diese Premium-Domain zu finden.

d. PrivateJet.com:

Im Jahr 2019 wurde die Domain PrivateJet.com von Don Jones für 30,19 Millionen US-Dollar verkauft. Jones hatte die Domain ursprünglich für 1 Million US-Dollar erworben. Der Verkauf wurde durch persönliche Kontakte und Verhandlungen mit dem Käufer, der Firma Nations Luxury Transportation, ermöglicht.

Diese Beispiele zeigen, dass persönliche Kontakte und Verhandlungen im Domainhandel entscheidend sind, um erfolgreiche Verkäufe abzuschließen und beeindruckende Gewinne zu erzielen.

Fazit: Persönliche Kontakte sind ein entscheidender Erfolgsfaktor im Domainhandel. Sie ermöglichen den Aufbau von Vertrauen, den Zugang zu exklusiven Informationen und effizientere Transaktionen. Um im Domainhandel erfolgreich zu sein, sollten Sie aktiv an der Pflege und dem Ausbau Ihres persönlichen Netzwerks arbeiten, Ihre Reputation aufbauen und nach

Möglichkeiten zur Zusammenarbeit und Partnerschaft suchen. Die Erfolgsgeschichten von Domainverkäufen, die durch persönliche Kontakte ermöglicht wurden, zeigen das enorme Potenzial, das in dieser Strategie steckt.

Wenn Sie durch einen persönlichen Kontakt eine Domain verkauft haben, hängt alles weitere von Ihrem persönlichen Verhandlungsgeschick ab.

Sollten Sie zu den Menschen gehören, die gut mit anderen Menschen „können", werden Sie bei den persönlichen Verhandlungen erfolgreicher sein.

Der Domainhandel ist ein lukratives Geschäft, bei dem es darum geht, wertvolle Domain-Namen zu kaufen, zu halten und gewinnbringend zu verkaufen. Einer der wichtigsten Aspekte im Domainhandel ist die persönliche Verhandlung zwischen Verkäufer und Käufer. In diesem ausführlichen und detaillierten Absatz werden wir die Bedeutung der persönlichen Verhandlung im Domainhandel untersuchen und erläutern, wie sie zum Erfolg von Domain-Transaktionen beiträgt.

1. Die Bedeutung der persönlichen
   Verhandlung im Domainhandel

Persönliche Verhandlungen sind im
Domainhandel aus mehreren Gründen von
großer Bedeutung:

a. Preisfindung:

Im Gegensatz zu vielen anderen Produkten gibt
es im Domainhandel keine festen Preise. Der
Wert einer Domain hängt von verschiedenen
Faktoren ab, wie z.b. der Nachfrage, dem
Bekanntheitsgrad, der Branche und dem SEO-
Potenzial. Durch persönliche Verhandlungen
können Käufer und Verkäufer gemeinsam einen
fairen Preis ermitteln, der beiden Parteien
gerecht wird.

b. Flexibilität:

Persönliche Verhandlungen ermöglichen es den
beteiligten Parteien, flexibel auf die Bedürfnisse
und Anforderungen des jeweils anderen
einzugehen. So können individuelle
Vereinbarungen getroffen werden, die beiden
Seiten entgegenkommen und den Verkauf
erleichtern.

c. Vertrauensbildung:

Vertrauen ist im Domainhandel entscheidend. Durch persönliche Verhandlungen haben Käufer und Verkäufer die Möglichkeit, einander kennenzulernen und Vertrauen aufzubauen. Dies kann dazu beitragen, Unsicherheiten abzubauen und eine solide Grundlage für die Transaktion zu schaffen.

2. Die Kunst der persönlichen Verhandlung im Domainhandel

Um im Domainhandel erfolgreich zu verhandeln, sollten einige grundlegende Prinzipien und Techniken beachtet werden:

a. Vorbereitung:

Eine gründliche Vorbereitung ist entscheidend für den Erfolg einer Verhandlung. Informieren Sie sich über die Domain, ihre potenziellen Käufer und den Marktwert, um in der Verhandlung bestmöglich aufgestellt zu sein.

b. Kommunikation:

Eine klare, ehrliche und respektvolle Kommunikation ist in Verhandlungen von zentraler Bedeutung. Achten Sie darauf, Ihre Argumente und Forderungen verständlich und sachlich darzulegen.

c. Zuhören und Empathie:

Versuchen Sie, die Bedürfnisse und Interessen des Verhandlungspartners zu verstehen, und zeigen Sie Empathie. Dies kann dazu beitragen, eine gemeinsame Basis zu finden und eine Win-Win-Situation zu schaffen.

d. Strategie und Taktik:

Entwickeln Sie eine Verhandlungsstrategie, die auf Ihren Zielen und Prioritäten basiert, und setzen Sie taktische Maßnahmen ein, um diese zu erreichen. Beispiele für Taktiken sind das Ansetzen von Fristen, das Vorschlagen von Kompromissenund das Verwenden von Verhandlungsspielraum.

e. Geduld und Ausdauer:

Erfolgreiche Verhandlungen erfordern oft Geduld und Ausdauer. Lassen Sie sich nicht von Rückschlägen entmutigen, und bleiben Sie standhaft bei Ihren Zielen, während Sie gleichzeitig offen für Kompromisse und Anpassungen sind.

3. Vorteile der persönlichen Verhandlung im Domainhandel

Die persönliche Verhandlung bietet sowohl Käufern als auch Verkäufern von Domains zahlreiche Vorteile:

a. Maximierung des Verkaufspreises:

Durch geschickte Verhandlung können Verkäufer den Verkaufspreis einer Domain oft deutlich steigern. Indem sie die Stärken der Domain hervorheben und auf die Bedürfnisse des Käufers eingehen, können sie einen höheren Preis erzielen, als es ohne Verhandlung möglich gewesen wäre.

b. Schnellere Transaktionen:

Persönliche Verhandlungen können dazu beitragen, den Verkaufsprozess zu beschleunigen. Durch direkte Kommunikation können Fragen und Bedenken schnell geklärt und Missverständnisse vermieden werden.

c. Bessere Konditionen:

Neben dem Preis können auch andere Vertragsbedingungen, wie Zahlungsmodalitäten oder Übergangsfristen, im Rahmen der Verhandlung individuell gestaltet werden. Dies ermöglicht es den Vertragsparteien, eine Vereinbarung zu treffen, die ihren Bedürfnissen und Anforderungen am besten entspricht.

4. Herausforderungen und mögliche Lösungen bei persönlichen Verhandlungen

Trotz der Vorteile können persönliche Verhandlungen im Domainhandel auch Herausforderungen mit sich bringen. Hier sind einige mögliche Lösungen, um diese Herausforderungen zu meistern:

a. Emotionale Distanz:

Halten Sie in Verhandlungen eine gewisse emotionale Distanz, um rationale Entscheidungen zu treffen und sich nicht von Emotionen leiten zu lassen.

b. Angemessene Erwartungen:

Setzen Sie realistische Erwartungen an die Verhandlung, um Enttäuschungen und Frustrationen zu vermeiden.

c. Professionelle Unterstützung:

Wenn Sie unsicher sind, ob Sie die Verhandlung selbst führen können, ziehen Sie die Beauftragung eines erfahrenen Domain-Brokers oder Anwalts in Betracht, der in Ihrem Namen verhandelt.

Fazit: Der persönliche Verhandlungsprozess ist ein wesentlicher Bestandteil des Domainhandels und bietet sowohl Käufern als auch Verkäufern die Möglichkeit, den maximalen Wert aus einer Transaktion herauszuholen. Durch die Entwicklung einer effektiven Verhandlungsstrategie und das Beachten grundlegender Verhandlungsprinzipien können Sie erfolgreiche Domain-Transaktionen abschließen und langfristig im Domainhandel profitieren.

Kapitel 10: Domain-Parking und Monetarisierung: Geld verdienen, während Sie warten

10.1 Was ist Domain-Parking?

Domain-Parking ist der Prozess, bei dem eine temporäre Webseite auf einer ungenutzten Domain eingerichtet wird, um Einnahmen durch Online-Werbung zu generieren. Während Sie auf den Verkauf Ihrer Domain warten, können Sie durch Domain-Parking passives Einkommen erzielen und gleichzeitig den Verkehr und das Potenzial Ihrer Domain demonstrieren.

Wikipedia präzisiert:

„Der Begriff ‚Domain-Parking' kann sich auch auf eine Werbepraxis beziehen, genauer gesagt ‚Monetarisierung geparkter Domains', die hauptsächlich von Domainnamen-Registraren und Herausgebern von Internet-Werbung verwendet wird, um den eingegebenen Datenverkehr zu monetarisieren, der eine geparkte, „unentwickelte" oder „unbenutzte" Domain besucht. Der Domainname wird normalerweise zu einer Webseite aufgelöst, die Werbeauflistungen und

Links enthält. Diese Links werden auf die prognostizierten Interessen des Besuchers ausgerichtet und können sich basierend auf den Ergebnissen, auf die Besucher klicken, dynamisch ändern. Normalerweise wird der Domain-Inhaber basierend darauf bezahlt, wie viele Links besucht wurden (z. B. Pay-per-Click) und wie vorteilhaft diese Besuche waren. Die Schlüsselwörter für einen bestimmten Domainnamen geben Hinweise auf die Absicht des Besuchers, bevor er ankommt."

10.2 Domain-Parking-Anbieter

Es gibt verschiedene Domain-Parking-Anbieter, die Ihnen helfen können, Ihre ungenutzten Domains zu monetarisieren. Einige der bekanntesten Anbieter sind:

1. Sedo:

Sedo bietet ein Domain-Parking-Programm, das es Ihnen ermöglicht, Werbeanzeigen auf Ihrer geparkten Domain zu platzieren und Einnahmen zu erzielen.

2. ParkingCrew:

ParkingCrew ist ein Domain-Parking-Service, der sich auf die Maximierung von Einnahmen und benutzerfreundliche Verwaltung konzentriert.

3. Bodis:

Bodis ist ein weiterer Domain-Parking-Anbieter, der eine einfache Einrichtung und eine Vielzahl von Anpassungsoptionen bietet.

10.3 Monetarisierungsstrategien

Um das Beste aus Ihrem Domain-Parking zu machen, sollten Sie die folgenden Monetarisierungsstrategien berücksichtigen:

1. Anzeigenauswahl:

Wählen Sie relevante und qualitativ hochwertige Anzeigen, die zu Ihrer Domain-Nische passen. Dies kann dazu beitragen, das Interesse der Besucher zu wecken und die Klickrate zu erhöhen.

2. Anpassung:

Passen Sie das Design und Layout Ihrer geparkten Domain an, um ein ansprechendes Erscheinungsbild zu erzielen und die Benutzererfahrung zu verbessern.

3. Suchmaschinenoptimierung (SEO):

Optimieren Sie Ihre geparkte Domain für Suchmaschinen, um die Sichtbarkeit und den organischen Verkehr zu erhöhen. Dazu gehören das Hinzufügen relevanter Keywords und das Erstellen von qualitativ hochwertigem Content.

4. Tracking und Analyse:

Verwenden Sie Analyse-Tools, um den Verkehr und die Leistung Ihrer geparkten Domain zu überwachen. Dies kann Ihnen dabei helfen, Ihre Monetárisierungsstrategie weiter zu optimieren und die Einnahmen zu steigern.

10.4 Domain-Parking und der Verkaufsprozess

Während Domain-Parking Ihnen helfen kann, Einnahmen zu generieren, sollten Sie auch darauf achten, wie es sich auf den Verkaufsprozess auswirkt. Stellen Sie sicher, dass potenzielle Käufer wissen, dass Ihre Domain zum Verkauf steht, indem Sie Verkaufsinformationen und Kontaktmöglichkeiten auf Ihrer geparkten Domain bereitstellen.

Durch effektives Domain-Parking und Monetarisierung können Sie zusätzliches Einkommen erzielen, während Sie auf den Verkauf Ihrer Domain warten, und gleichzeitig den Wert Ihrer Domain für potenzielle Käufer demonstrieren.

Folgende Dienstleister bieten Domain-Parking an:

- Afternic
- Bodis
- Domain Apps
- GoDaddy
- Parking Crew
- Park Logic
- Rook Media
- SmartName

Kapitel 11: Rechtliche Aspekte und Markenschutz

11.1 Einführung in rechtliche Aspekte und Markenschutz

Beim Handel mit Domains ist es wichtig, die rechtlichen Aspekte und den Markenschutz zu berücksichtigen, um potenzielle rechtliche Probleme zu vermeiden. In diesem Kapitel werden wir uns ausführlich mit Themen wie Urheberrecht, Markenrecht, Cybersquatting und Domain-Streitigkeiten befassen.

11.2 Urheberrecht

Das Urheberrecht schützt kreative Werke wie Texte, Bilder, Musik und Software. Beim Domain-Handel ist es wichtig, darauf zu achten, dass keine urheberrechtlich geschützten Inhalte auf Ihrer Domain bzw. der zugehörigen Website verwendet werden. Verstöße gegen das Urheberrecht können zu rechtlichen Problemen, Schadensersatzforderungen und negativen Auswirkungen auf Ihren Ruf führen.

Um Urheberrechtsverletzungen zu vermeiden, sollten Sie Folgendes tun:

- Verwenden Sie nur Inhalte, die Sie selbst erstellt haben, oder solche, die zur öffentlichen Verwendung lizenziert sind.

Rechtefreie Bilder können Sie ohne Risiko von pixabay.com und pexels.com beziehen.

- Achten Sie bei der Verwendung von Bildern, Videos, Musik oder Software auf die entsprechenden Lizenzbedingungen.
- Führen Sie eine gründliche Recherche durch, um sicherzustellen, dass keine urheberrechtlich geschützten Inhalte auf Ihrer Domain oder Website verwendet werden.

11.3 Markenrecht

Markenrecht schützt Markennamen, Logos und Slogans, die Waren und Dienstleistungen eines Unternehmens kennzeichnen. Beim Domain-Handel ist es wichtig, Markenrechtsverletzungen zu vermeiden. Dies kann durch die Registrierung oder den Verkauf von Domain-Namen, die bekannte Marken imitieren oder darauf abzielen, von der Bekanntheit einer Marke zu profitieren, geschehen.

Um Markenrechtsverletzungen zu vermeiden, sollten Sie Folgendes beachten:

- Führen Sie eine umfassende Markenrecherche durch, um sicherzustellen, dass Ihre Domain-Namen keine bestehenden Markenrechte verletzen.
- Vermeiden Sie die Verwendung von Markennamen oder ähnlichen Begriffen in Ihren Domain-Namen, es sei denn, Sie haben die ausdrückliche Genehmigung des Markeninhabers.
- Seien Sie vorsichtig bei der Verwendung von Begriffen, die mit bekannten Marken verwechselt werden könnten, insbesondere wenn Ihre Domain in einer Branche tätig ist, die der Marke ähnlich ist.

11.4 Cybersquatting

Cybersquatting bezieht sich auf die Registrierung, Nutzung oder den Verkauf von Domain-Namen in böswilliger Absicht, um von der Bekanntheit einer Marke oder einer Person zu profitieren. Cybersquatting kann zu rechtlichen Problemen, Schadensersatzforderungen und negativen Auswirkungen auf Ihren Ruf führen.

Um Cybersquatting zu vermeiden, sollten Sie:

Keine Domain-Namen registrieren oder verkaufen, die bekanntermaßen mit Marken oder Personen in Verbindung stehen, insbesondere wenn dies in betrügerischer Absicht geschieht.

- Vermeiden Sie die Registrierung von Domain-Namen, die absichtlich Tippfehler oder Variationen bekannter Markennamen enthalten (sogenanntes "Typosquatting").
- Halten Sie sich an ethische Geschäftspraktiken und konzentrieren Sie sich auf den Handel mit generischen Domain-Namen, die keinen Markenrechtsverletzungen unterliegen.

11.5 Domain-Streitigkeiten und die Uniform Domain-Name Dispute-Resolution Policy (UDRP)

Die UDRP ist ein Verfahren, das von der Internet Corporation for Assigned Names and Numbers (ICANN) eingerichtet wurde, um Streitigkeiten über Domain-Namen zu lösen. Wenn ein Markeninhaber der Meinung ist, dass Ihre Domain seine Markenrechte verletzt, kann er einen UDRP-Fall einleiten.

Um solche Streitigkeiten zu vermeiden, sollten Sie:

- Sorgfältig prüfen, ob Ihre Domain-Namen keine Markenrechte verletzen, bevor Sie sie registrieren oder verkaufen.
- Reagieren Sie prompt und professionell auf Beschwerden von Markeninhabern und suchen Sie bei Bedarf rechtlichen Rat.
- Seien Sie bereit, eine Domain freizugeben oder zu verkaufen, wenn festgestellt wird, dass sie tatsächlich die Markenrechte eines anderen verletzt.

11.11 Rechtliche Verantwortung und Haftung

Als Domain-Verkäufer sind Sie für die Einhaltung der Gesetze und Vorschriften verantwortlich, die für den Domain-Handel gelten. Sie können haftbar gemacht werden, wenn Sie wissentlich oder fahrlässig gegen das Urheberrecht, Markenrecht oder andere Gesetze verstoßen.

Um rechtliche Probleme zu vermeiden, sollten Sie:

- Die rechtlichen Aspekte des Domain-Handels gründlich verstehen und befolgen.
- Bei Bedarf rechtlichen Rat einholen, um sicherzustellen, dass Sie alle relevanten Gesetze und Vorschriften einhalten.
- Stets ethische Geschäftspraktiken anwenden und die Rechte anderer respektieren.

11.11 Fazit

Die Einhaltung der rechtlichen Aspekte und des Markenschutzes ist entscheidend für einen erfolgreichen und problemlosen Domain-Handel. Indem Sie die gesetzlichen Bestimmungen befolgen und auf die Rechte anderer achten, können Sie das Risiko rechtlicher Probleme minimieren und gleichzeitig Ihren Ruf als verantwortungsbewusster Domain-Verkäufer aufrechterhalten. Durch das Verständnis und die Anwendung der in diesem Kapitel vorgestellten Informationen können Sie Ihr Domain-Geschäft sicher und erfolgreich betreiben.

Kapitel 12:

DomainProfi GmbH:

Eine Erfolgsgeschichte im Domainhandel

Jedes Jahr gibt DENIC eine Aufstellung heraus über die Verteilung von De-Domains in Deutschland. Jedes Jahr stellen verblüffte Leser fest, dass Osnabrück die internet-affinste Stadt Deutschland zu sein scheint, in der jeder Einwohner zahlreiche De-Domains besitzt.

Dem ist (leider) nicht so. Die Firma DomainProfi aus Osnabrück hält hunderttausende De-Domains und ruft daher den statistischen Effekt hervor, der zu dem falschen Eindruck führt, dass die Osnabrücker viele De-Domains pro Person besitzen.

Wir stellen die DomainProfi GmbH als Erfolgsgeschichte und Vorbild für Domainer vor.

Dabei ist uns vor allem ein Aspekt wichtig.

Die DomainProfi GmbH investiert ausschließlich in generische, d.h. allgemeine Begriffe wie sie im DUDEN vorkommen.

Damit vermeidet die DomainProfi GmbH, dass ihre Investitionen in Domains zu teuren juristischen Streitigkeiten um Firmennamen und Markennamen führen.

Aus unserer Sicht ist dieses Geschäftsgebahren eines Domainers ein kluger Schachzug.

Die DomainProfi GmbH ist ein renommiertes Unternehmen, das sich auf den Kauf, Verkauf und die Verwaltung von Domain-Namen spezialisiert hat. In diesem ausführlichen Kapitel werden wir einen Blick auf die Erfolgsgeschichte der DomainProfi GmbH werfen, ihre Geschäftsstrategien untersuchen und erläutern, wie sie den Domainhandel revolutioniert haben.

1. Die Geschichte der DomainProfi GmbH

Die DomainProfi GmbH wurde 2009 von den Geschäftspartnern Stefan Wiegard und Alexander Helm gegründet. Die beiden Unternehmer erkannten das Potenzial des Domainhandels und wollten eine Plattform schaffen, die es Kunden ermöglicht, Domain-Namen einfach und sicher zu kaufen und zu verkaufen. Durch ihre Erfahrung, Fachkenntnisse und Vision entwickelten sie die

DomainProfi GmbH zu einem der führenden Unternehmen im Domainhandel.

2. Das Geschäftsmodell der DomainProfi GmbH

Die DomainProfi GmbH konzentriert sich auf den Handel mit Premium-Domain-Namen, die sie durch gezielte Akquisitionen und Partnerschaften erwerben. Sie bieten auch eine breite Palette von Dienstleistungen rund um den Domainhandel, wie Domain-Management, Domain-Parking und Domain-Monetarisierung.

Zu den Hauptgeschäftsbereichen der DomainProfi GmbH gehören:

a. Domain-Ankauf:

Die DomainProfi GmbH kauft gezielt wertvolle Domain-Namen, die sie später auf ihrer Plattform zum Verkauf anbieten.

b. Domain-Verkauf:

Kunden können auf der Plattform der DomainProfi GmbH Domain-Namen kaufen, die von der

DomainProfi GmbH und anderen Verkäufern angeboten werden.

c. Domain-Brokerage:

Die DomainProfi GmbH bietet professionelle Vermittlungsdienste für den Kauf und Verkauf von Domain-Namen.

d. Domain-Management:

Kunden können ihre Domain-Portfolios verwalten und optimieren, indem sie die Domain-Management-Dienstleistungen der DomainProfi GmbH nutzen.

e. Domain-Monetarisierung:

Die DomainProfi GmbH bietet Lösungen zur Monetarisierung von Domain-Namen durch Domain-Parking und andere Methoden.

3. Erfolgsfaktoren der DomainProfi GmbH

Die DomainProfi GmbH verdankt ihren Erfolg einer Reihe von Faktoren, die sie von ihren Mitbewerbern unterscheiden:

a. Marktkenntnisse:

Die Gründer der DomainProfi GmbH verfügen über umfassende Kenntnisse des Domain-Marktes und der Trends, die den Wert von Domain-Namen beeinflussen.

b. Kundenzentrierte Dienstleistungen:

Die DomainProfi GmbH legt großen Wert auf Kundenzufriedenheit und bietet maßgeschneiderte Lösungen für ihre Kunden.

c. Technologie und Innovation:

Die DomainProfi GmbH setzt auf moderne Technologien und innovative Ansätze, um ihren Kunden den bestmöglichen Service zu bieten. d. Netzwerk und Partnerschaften: Die DomainProfi GmbH hat im Laufe der Jahre ein starkes Netzwerk von Partnern und Branchenexperten aufgebaut, was zu ihrem Erfolg beigetragen hat.

4. Die Rolle der DomainProfi GmbH im Domainhandel

Die DomainProfi GmbH hat im Laufe der Jahre eine bedeutende Rolle im Domainhandel eingenommen und ist zu einem wichtigen Akteur in der Branche geworden. Ihr Einfluss auf den Markt und ihre Beiträge zur Entwicklung des Domainhandels sind auf verschiedene Faktoren zurückzuführen:

a. Verbreitung von Domain-Investitionen:

Die DomainProfi GmbH hat dazu beigetragen, das Bewusstsein für die Vorteile von Domain-Investitionen zu schärfen und das Interesse an Domain-Namen als Anlageklasse zu steigern. Ihre Plattform und Dienstleistungen ermöglichen es sowohl Einzelpersonen als auch Unternehmen, in Domain-Namen zu investieren und von deren Wertsteigerung zu profitieren.

b. Einführung von Best Practices:

Die DomainProfi GmbH hat sich für die Einführung von Best Practices im Domainhandel eingesetzt, indem sie transparente

Geschäftspraktiken und ethische Standards fördert. Dies hat dazu beigetragen, das Vertrauen in den Domainhandel zu stärken und die Branche insgesamt professioneller zu gestalten.

c. Schaffung einer benutzerfreundlichen Handelsplattform:

Die DomainProfi GmbH hat eine benutzerfreundliche Handelsplattform entwickelt, die den Kauf und Verkauf von Domain-Namen für Kunden einfach und sicher macht. Durch die Bereitstellung einer einfach zu bedienenden Oberfläche und einer Vielzahl von hilfreichen Funktionen ermöglicht die Plattform sowohl Anfängern als auch erfahrenen Domain-Tradern, ihre Ziele im Domainhandel erfolgreich zu erreichen.

d. Unterstützung von Domain-Entwicklern und - Inhabern:

Die DomainProfi GmbH bietet eine Reihe von Dienstleistungen, die Domain-Entwicklern und - Inhabern helfen, ihre Domains effektiv zu verwalten und zu monetarisieren. Dies ermöglicht es ihnen, das volle Potenzial ihrer Domain-

Investitionen auszuschöpfen und ihre Renditen zu maximieren.

e. Zusammenarbeit mit Registries und Registraren:

Die DomainProfi GmbH arbeitet eng mit Domain-Registries und Registraren zusammen, um ihren Kunden Zugang zu einer breiten Palette von Domain-Endungen und Registrierungsdiensten zu bieten. Diese Zusammenarbeit trägt dazu bei, die Vielfalt und Auswahlmöglichkeiten im Domainhandel zu erweitern und den Kunden mehr Flexibilität bei der Auswahl ihrer Domain-Namen zu bieten.

Fazit: Die DomainProfi GmbH hat sich in den letzten Jahren als führender Akteur im Domainhandel etabliert. Durch ihre Fachkenntnisse, ihre kundenorientierten Dienstleistungen und ihren Fokus auf Innovation hat sie dazu beigetragen, den Domainhandel zu revolutionieren und neue Möglichkeiten für Investoren und Domain-Inhaber zu schaffen. Mit ihrem kontinuierlichen Engagement für die Entwicklung der Branche und die Erschließung neuer Wachstumsmöglichkeiten wird die

DomainProfi GmbH voraussichtlich auch in Zukunft eine wichtige Rolle im Domainhandel spielen.

Kapitel 13:

Rick Schwartz: Vom Domain-Händler zum Millionär

Einleitung: Der Domain-Handel hat im Laufe der Jahre viele Erfolgsgeschichten hervorgebracht. Eine der bekanntesten ist die von Rick Schwartz, auch bekannt als "Domain King".

Schwartz begann seine Domain-Handelskarriere in den 1990er Jahren und hat seitdem ein Vermögen im Wert von mehreren Millionen Dollar aufgebaut.

In diesem Kapitel werden wir die Erfolgsgeschichte von Rick Schwartz untersuchen, seine Strategien im Domain-Handel analysieren und herausfinden, was wir von seinem Werdegang lernen können.

1. Wer ist Rick Schwartz?

Rick Schwartz ist ein US-amerikanischer Unternehmer, der in den 1990er Jahren begann, in Domain-Namen zu investieren. Schwartz erkannte frühzeitig das Potenzial des Internets und die Bedeutung von Domain-Namen als virtuelle Immobilien. Mit einem ausgeprägten Geschäftssinn und der Fähigkeit, aufstrebende Trends zu erkennen, baute er ein beeindruckendes Portfolio von Premium-Domain-Namen auf, das ihm den Spitznamen "Domain King" einbrachte.

2. Anfänge im Domain-Handel Rick

Schwartz begann seine Domain-Handelskarriere 1995, als das Internet noch in den Kinderschuhen steckte. Er investierte in Domain-Namen wie Men.com, Candy.com und Property.com, von denen viele später für Millionenbeträge verkauft wurden. Schwartz erkannte das Potenzial von generischen Domain-Namen und setzte auf die langfristige Wertsteigerung dieser virtuellen Immobilien.

3. Strategien und Prinzipien im Domain-Handel

Schwartz verfolgte im Laufe seiner Karriere mehrere Strategien und Prinzipien im Domain-Handel. Einige davon sind:

a. Fokus auf generische und einprägsame Domain-Namen:

Schwartz konzentrierte sich auf generische Domain-Namen, die leicht zu merken und direkt mit einer Branche oder einem Produkt in Verbindung stehen. Diese Domains haben im Laufe der Zeit an Wert gewonnen und sind bei Unternehmen und Investoren begehrt.

b. Langfristiges Denken:

Anstatt sich auf kurzfristige Gewinne zu konzentrieren, setzte Schwartz auf den langfristigen Wertzuwachs seiner Domains. Er war bereit, Domains jahrelang zu halten, bevor er sie zu hohen Preisen verkaufte.

c. Geduld und Hartnäckigkeit:

Schwartz betonte die Bedeutung von Geduld und Hartnäckigkeit im Domain-Handel. Er war bereit, auf das richtige Angebot zu warten und seine Domains nicht unter Wert zu verkaufen.

d. Aktive Vermarktung seiner Domains:

Schwartz vermarktete seine Domains aktiv und baute Beziehungen zu potenziellen Käufern auf. Er nutzte Domain-Marktplätze, persönliche Kontakte und sein eigenes Netzwerk, um seine Domains bekannt zu machen und Interessenten zu gewinnen.

4. Erfolge im Domain-Handel

Einige der bemerkenswertesten Verkäufe von Rick Schwartz sind:

a. Men.com:

Schwartz kaufte Men.com 1999 für 15.000 US-Dollar und verkaufte sie 2004 für 1,3 Millionen US-Dollar.

b. Candy.com:

 Er erwarb Candy.com für einen unbekannten Betrag und verkaufte sie 2009 für 3 Millionen US-Dollar.

c. Property.com:

Schwartz kaufte Property.com ebenfalls für einen unbekannten Betrag und veräußerte sie 2019 für 4 Millionen US-Dollar.

d. Porno.com:

Im Jahr 1999 investierte Schwartz 42.000 US-Dollar in Porno.com und verkaufte sie 2015 für 9,9 Millionen US-Dollar, was einen der höchsten Domain-Verkäufe der Geschichte darstellt.

Diese beeindruckenden Verkäufe sind nur einige Beispiele dafür, wie Rick Schwartz durch den Domain-Handel zum Millionär wurde.

5. Rick Schwartz' Einfluss auf die Domain-Handelsbranche

Rick Schwartz hat einen großen Einfluss auf die Domain-Handelsbranche gehabt. Seine Erfolge haben dazu beigetragen, die Branche zu legitimieren und das Interesse an Domain-Investitionen zu wecken. Darüber hinaus hat Schwartz seine Erfahrungen und sein Wissen über den Domain-Handel durch Blogging, Social Media und öffentliche Auftritte geteilt, um anderen Domain-Investoren zu helfen und sie zu inspirieren.

6. Lehren aus Rick Schwartz' Erfolgsgeschichte

Rick Schwartz' Erfolgsgeschichte im Domain-Handel bietet mehrere wertvolle Lehren für angehende Domain-Investoren:

a. Erkennen Sie das Potenzial von Domain-Namen als virtuelle Immobilien und investieren Sie in generische und einprägsame Domains, die langfristig an Wert gewinnen können.

b. Seien Sie geduldig und hartnäckig, um den besten Preis für Ihre Domains zu erzielen. Lassen Sie sich nicht dazu verleiten, Ihre Domains unter Wert zu verkaufen.

c. Vermarkten Sie Ihre Domains aktiv und nutzen Sie verschiedene Kanäle, um potenzielle Käufer zu erreichen und Interesse zu wecken.

d. Lernen Sie von anderen erfolgreichen Domain-Investoren und nutzen Sie ihre Erfahrungen, um Ihre eigenen Strategien und Entscheidungen im Domain-Handel zu informieren.

Schlussfolgerung:

Rick Schwartz' Erfolgsgeschichte zeigt, dass der Domain-Handel das Potenzial hat, erhebliche Gewinne zu generieren und Investoren zu Millionären zu machen. Durch das Erlernen der richtigen Strategien, das Entwickeln von Geduld und Hartnäckigkeit sowie das aktive Vermarkten Ihrer Domains können auch Sie Erfolg im Domain-Handel erzielen und möglicherweise eine ähnliche Erfolgsgeschichte wie Rick Schwartz schreiben.

Kapitel 14:

Fallstudien: Die teuersten Domains aller Zeit

14.1 Teure Com-Domains

Es gab in der Geschichte viele teure com-Domainverkäufe. Hier sind einige der höchsten Preise, die jemals für com-Domains gezahlt wurden:

1. "Voice.com" wurde im Jahr 2019 für 30 Millionen US-Dollar verkauft.
2. "VacationRentals.com" wurde im Jahr 2009 für 35 Millionen US-Dollar verkauft.
3. "PrivateJet.com" wurde im Jahr 2019 für 30,19 Millionen US-Dollar verkauft.
4. "Internet.com" wurde im Jahr 2009 für 19 Millionen US-Dollar verkauft.
5. "Insure.com" wurde im Jahr 2009 für 19 Millionen US-Dollar verkauft.
6. "Fund.com" wurde im Jahr 2009 für 9,99 Millionen US-Dollar verkauft.
7. "Sex.com" wurde im Jahr 2014 für 13 Millionen US-Dollar verkauft.

Es ist jedoch wichtig zu beachten, dass diese hohen Preise aufgrund von besonderen Umständen wie einem intensiven Wettbewerb um die Domain, ihrer Einzigartigkeit oder der besonderen Bedeutung des Begriffs auf dem Markt erzielt wurden. Die meisten Domains werden nicht zu solch hohen Preisen verkauft.

Dennoch bilden solche spektakuläre Verkäufe Motivation für viele, die in den Domainhandel eingestiegen sind.

In diesem Kapitel werden wir uns einige Erfolgsgeschichten im Domain-Handel genauer ansehen, um zu verstehen, welche Faktoren zum Erfolg dieser Domain-Verkäufer beigetragen haben und welche Strategien sie angewendet haben. Diese Fallstudien können Ihnen wertvolle Einblicke und Inspiration für Ihr eigenes Domain-Geschäft bieten.

14.2 Fallstudie 1: Business.com

Business.com gilt als einer der teuersten Domain-Verkäufe in der Geschichte. Die Domain wurde 1999 für 9,5 Millionen US-Dollar verkauft. Der Verkauf von Business.com zeigte die Bedeutung eines kurzen, prägnanten und leicht zu merkenden Domain-Namens, der das Potenzial hat, ein breites Publikum anzusprechen.

Erfolgsfaktoren:

- Einfacher, leicht zu merkender Domain-Name
- Hohe Nachfrage und Wettbewerb im Geschäftsbereich
- Großes Markenpotenzial

14.3 Fallstudie 2: Hotels.com

Hotels.com wurde 2001 für etwa 19 Millionen US-Dollar verkauft. Dieser Verkauf unterstreicht die Bedeutung eines gezielten, branchenspezifischen Domain-Namens. Die Domain ist nicht nur leicht zu merken, sondern spricht auch direkt die Reise- und Hotelbranche an.

Erfolgsfaktoren:

- Branchenspezifischer Domain-Name
- Einfacher und leicht zu merkender Name
- Großes Markenpotenzial und hohe Nachfrage im Reise- und Hotelmarkt

14.4 Fallstudie 3:

PrivateJet.com

PrivateJet.com wurde 2019 für 30,19 Millionen US-Dollar verkauft. Die Domain hat sich auf den Luxusreisemarkt konzentriert und spricht eine wohlhabende Zielgruppe an. Der Verkauf von PrivateJet.com zeigt, wie ein Nischenmarkt erfolgreich erschlossen werden kann.

Erfolgsfaktoren:

- Nischenmarkt mit hohem Potenzial
- Einfacher und leicht zu merkender Name
- Großes Markenpotenzial und exklusive Zielgruppe

14.5 Fallstudie 4: Voice.com

Voice.com wurde 2019 für 30 Millionen US-Dollar verkauft, was es zu einem der teuersten Domain-Verkäufe aller Zeiten macht. Der kurze und einprägsame Domain-Name spricht sowohl den wachsenden Markt für Sprachtechnologien als auch die Kommunikationsbranche an.

Erfolgsfaktoren:

- Einfacher, leicht zu merkender Domain-Name
- Breiter Anwendungsbereich in der Technologie- und Kommunikationsbranche
- Großes Markenpotenzial

14.9 Fazit

Diese Fallstudien zeigen, dass der Erfolg im Domain-Handel auf verschiedenen Faktoren basiert, wie z. B. der Auswahl eines prägnanten und leicht zu merkenden Domain-Namens, dem Verständnis der Zielbranche und dem Erkennen von Markttrends und Nischen. Durch das Lernen aus diesen Erfolgsgeschichten und das Anwenden der richtigen Strategien können Sie Ihr eigenes Domain-Geschäft aufbauen und erfolgreich gestalten.

Beachten Sie die folgenden Schlüsselprinzipien, die aus diesen Fallstudien abgeleitet werden können:

1. Wählen Sie einen einfachen, leicht zu merkenden und prägnanten Domain-Namen.
2. Verstehen Sie die Zielbranche und deren Bedürfnisse.
3. Identifizieren Sie Markttrends, Wachstumsbereiche und Nischenmärkte.
4. Betrachten Sie das Markenpotenzial und die Möglichkeit, eine starke Online-Präsenz aufzubauen.
5. Seien Sie geduldig und beharrlich bei der Verhandlung von Domain-Verkäufen, um den besten Preis zu erzielen.

Durch das Befolgen dieser Prinzipien und das Anwenden der Strategien, die in diesem Buch vorgestellt wurden, sind Sie auf dem besten Weg, Ihr Domain-Geschäft erfolgreich zu gestalten und möglicherweise die nächste Erfolgsgeschichte im Domain-Handel zu werden.

Kapitel 15:

Domainhandel: Welche Domainendungen versprechen den meisten Erfolg?

Fast alle Domainer handeln mit der com-Domain, die die besten Preise im Domainhandel erzielt.

Es stellt sich gerade deshalb die Frage, ob es vielleicht nicht klüger ist, sich eine Nische auszusuchen und zum Beispiel mit io-Domains oder xyz-Domains zu handeln.

Im Domainhandel spielen die verschiedenen Domainendungen (Top-Level-Domains oder TLDs) eine wichtige Rolle für den Erfolg einer Domain-Investition. In diesem ausführlichen Kapitel untersuchen wir, welche Domainendungen den größten Erfolg versprechen, wie sie sich auf den Wert einer Domain auswirken und welche Faktoren bei der Auswahl einer Domainendung berücksichtigt werden sollten.

1. Die Bedeutung von Domainendungen im Domainhandel

Domainendungen sind die letzten Segmente einer Domain, die nach dem Punkt stehen (z.B.

.com, .org, .net). Sie dienen dazu, Domain-Namen in verschiedene Kategorien einzuteilen und ihnen eine bestimmte Bedeutung zuzuweisen. Domainendungen können den Wert einer Domain beeinflussen, da sie Auskunft über den Zweck der Domain, ihre Zielgruppe und ihre geografische Ausrichtung geben.

2. Die bekanntesten und wertvollsten Domainendungen

Es gibt verschiedene Domainendungen, die im Domainhandel als besonders wertvoll gelten. Dazu gehören vor allem:

a. .com:

Die .com-Domainendung ist die bekannteste und am häufigsten verwendete TLD. Sie ist besonders bei kommerziellen Websites beliebt und hat eine hohe Wiedererkennung. Daher sind .com-Domains in der Regel wertvoller und begehrter als Domains mit anderen Endungen.

b. .org:

Die org-Domainendung wird häufig von gemeinnützigen Organisationen und Stiftungen verwendet. Sie hat eine hohe Glaubwürdigkeit und kann den Wert einer Domain erhöhen, insbesondere wenn sie mit einem relevanten und seriösen Thema in Verbindung gebracht wird.

c. net:

Die .net-Domainendung wird oft als Alternative zu .com verwendet und ist bei technologieorientierten Websites beliebt. Obwohl sie nicht so wertvoll ist wie .com, kann sie dennoch einen beträchtlichen Wert haben, insbesondere wenn sie mit einem starken Keyword oder einer Marke kombiniert wird.

3. Länder- und regionsspezifische
4.
5. Domainendungen (ccTLDs)

Länder- und regionsspezifische Domainendungen, wie .de (Deutschland), .fr (Frankreich) oder .co.uk (Vereinigtes Königreich), können ebenfalls einen erheblichen Wert im Domainhandel haben. Ihre Wertigkeit hängt jedoch stark von der Zielgruppe und dem geografischen Fokus der Domain ab. In der Regel sind ccTLDs in ihrem jeweiligen Land oder ihrer Region am wertvollsten.

6. Neue generische Domainendungen (nTLDs)

In den letzten Jahren wurden zahlreiche neue generische Domainendungen eingeführt, wie .app, .tech oder .shop. Während einige dieser nTLDs erfolgreich als Webadressen erfolgreich sind, ist ihr Wert im Vergleich zu etablierten TLDs wie .com oft geringer. Allerdings können nTLDs in bestimmten Nischen oder Branchen erfolgreich sein, insbesondere wenn sie einen klaren Bezug zum Inhalt der Website oder zum Geschäft haben.

Faktoren bei der Auswahl einer Domainendung

Bei der Auswahl einer Domainendung für den Domainhandel sollten verschiedene Faktoren berücksichtigt werden, um den größtmöglichen Erfolg und Wert der Domain zu gewährleisten:

a. Zielgruppe und geografischer Fokus:

Wählen Sie eine Domainendung, die am besten zu Ihrer Zielgruppe und dem geografischen Fokus der Domain passt. Wenn Sie beispielsweise eine Domain für ein deutsches Unternehmen handeln möchten, ist die .de-Endung wahrscheinlich eine bessere Wahl als .com.

b. Branche und Nische:

Berücksichtigen Sie die Branche oder Nische, in der Ihre Domain tätig sein wird. Eine passende Domainendung kann den Wert Ihrer Domain erhöhen, indem sie den Zusammenhang mit der Branche oder Nische verdeutlicht. Zum Beispiel könnte eine .tech-Domain für ein Technologieunternehmen oder eine .shop-Domain für einen Online-Shop attraktiver sein.

c. Bekanntheit und Wiedererkennung:

Die Bekanntheit und Wiedererkennung einer Domainendung sind entscheidend für den Erfolg Ihrer Domain im Domainhandel. Wählen Sie eine Domainendung, die von Ihrer Zielgruppe leicht erkannt und akzeptiert wird. In vielen Fällen sind etablierte Domainendungen wie .com, .org und .net bevorzugt, da sie weit verbreitet und vertrauenswürdig sind.

d. Wettbewerb und Verfügbarkeit:

Die Verfügbarkeit von attraktiven Domain-Namen kann bei der Auswahl einer Domainendung eine Rolle spielen. Bei den neuen Top Level Domains kann es einfacher sein, teure Premium Domain-Namen zu registrieren, da sie weniger umkämpft sind als Standard Domains.

e. SEO-Potenzial:

Einige Domainendungen können sich positiv auf die Suchmaschinenoptimierung (SEO) auswirken. Zum Beispiel werden länderspezifische Domainendungen (ccTLDs) oft von Suchmaschinen bevorzugt, wenn Nutzer nach lokalen Ergebnissen suchen. Bei der Auswahl einer Domainendung sollten Sie das SEO-Potenzial berücksichtigen, um den Wert Ihrer Domain zu maximieren.

Fazit: Bei der Auswahl der richtigen Domainendung für den Domainhandel ist es wichtig, eine Vielzahl von Faktoren zu berücksichtigen, um den größtmöglichen Erfolg und Wert zu erzielen. Obwohl etablierte TLDs wie .com, .org und .net häufig als die wertvollsten angesehen werden, können auch andere Domainendungen erfolgreich sein, wenn sie sorgfältig ausgewählt und auf die jeweilige Zielgruppe, Branche und den geografischen Fokus abgestimmt sind. Indem Sie Ihre Auswahl strategisch treffen, können Sie das Potenzial Ihrer Domain-Investitionen maximieren und im Domainhandel erfolgreich sein.

Kapitel 16:

Domain Flipping: Eine Anleitung zum Kauf und Verkauf von Domain-Namen

Einleitung: Domain Flipping ist eine beliebte Methode, um Geld im Internet zu verdienen, indem man Domain-Namen kauft, ihren Wert steigert und sie für Profit weiterverkauft. In diesem ausführlichen Kapitel werden wir den Prozess des Domain Flippings genauer betrachten, die Grundlagen erläutern und Ihnen zeigen, wie Sie erfolgreich in den Domain-Handel einsteigen können.

Auf den ersten Blick macht der Domain Flipper nichts anderes als alle andere:

Er erwirbt eine Domain und verkauft sie dann.

Der entscheidende Unterschied liegt darin, dass er der Domain Wert hinzufügt, während sie in seinem Besitz ist.

Der Domain Flipper verkauft in aller Regel nicht nur die Domain, sondern eine Webseite, die er bereits gestaltet und mit Inhalt versehen hat.

Im Gegensatz zu der Domain allein kann die Webseite bei Google bereits ein hohes Ranking erzielen, was den Wert von Domain und Webseite steigert.

Hier erläutern wir weitere Details des Domain Flipping:

1. Domain Flipping ist der Prozess des Kaufs, der Wertsteigerung und des Verkaufs von Domain-Namen mit dem Ziel, Gewinn zu erzielen. Domain-Flipping-Investoren suchen nach attraktiven und potenziell wertvollen Domain-Namen, die sie zu einem niedrigen Preis erwerben und später zu einem höheren Preis verkaufen können. Domain Flipping erfordert Geschick, Geduld und die Fähigkeit, Trends und Marktpotentiale zu erkennen.

2. Warum ist Domain Flipping profitabel? Domain-Namen sind einzigartige und begrenzte Ressourcen, die als virtuelle Immobilien betrachtet werden können. Da das Internet weiterhin expandiert und

immer mehr Unternehmen und Privatpersonen online präsent sein möchten, steigt die Nachfrage nach hochwertigen Domain-Namen.

Domain Flipping ist oft profitabel sein, weil:

a. Gute Domain-Namen sind begrenzt und wertvoll.

b. Domain-Namen sind leicht und kostengünstig zu erwerben und zu verwalten.

c. Der Wert von Domain-Namen kann im Laufe der Zeit erheblich steigen.

d. Die Investition ist im Vergleich zu physischen Immobilien relativ gering.

3. Wie finde ich wertvolle Domain-Namen zum Flipping?

Erfolgreiche Domain-Flipper suchen ständig nach attraktiven Domain-Namen, die das Potenzial haben, an Wert zu gewinnen.

Hier sind einige Strategien, um wertvolle Domain-Namen zu finden:

a. Keyword-Recherche:

Verwenden Sie Keyword-Recherche-Tools, um nach gefragten Begriffen und Phrasen zu suchen, die als Domain-Namen fungieren können.

b. Trendbeobachtung:

Achten Sie auf aufstrebende Trends, Technologien und Branchen, die das Potenzial haben, in Zukunft an Bedeutung zu gewinnen.

c. Abgelaufene Domains:

Suchen Sie nach abgelaufenen Domains, die möglicherweise wertvoll sind, aber aus verschiedenen Gründen nicht verlängert wurden.

d. Kreativität:

Brainstorming und Kreativität können helfen, einprägsame und ansprechende Domain-

Namen zu generieren, die potenziell wertvoll sein können.

4. Wie steigere ich den Wert meiner Domain-Namen?

Um den Wert Ihrer Domain-Namen zu steigern, sollten Sie:

a. Suchmaschinenoptimierung (SEO) betreiben, um die Sichtbarkeit und das Ranking Ihrer Domains in Suchmaschinen zu erhöhen.

b. Eine attraktive und professionelle Verkaufsseite für Ihre Domains erstellen, die potenzielle Käufer anspricht.

c. Social-Media-Präsenz aufbauen, um Ihre Domain-Namen einem größeren Publikum bekannt zu machen und Interesse zu wecken.

d. Hochwertigen und relevanten Content erstellen, um den Wert Ihrer Domain zu erhöhen und gleichzeitig den organischen Traffic zu steigern.

e. Netzwerken und Partnerschaften aufbauen, um Ihre Domains in der relevanten Branche oder Nische zu positionieren und potenzielle Käufer auf sie aufmerksam zu machen.

5. Wie verkaufe ich meine Domain-Namen?

Sobald Sie den Wert Ihrer Domain-Namen gesteigert haben, ist es an der Zeit, sie zu verkaufen. Hier sind einige Methoden, um Ihre Domain-Namen erfolgreich zu verkaufen:

a. Domain-Marktplätze:

Plattformen wie Sedo, Flippa und Afternic ermöglichen es Ihnen, Ihre Domain-Namen zum Verkauf anzubieten und potenzielle Käufer zu erreichen.

b. Auktionsplattformen:

Sie können Ihre Domain-Namen auf Auktionsplattformen wie GoDaddy Auctions oder NameJet versteigern, um den bestmöglichen Preis zu erzielen.

b. Domain-Broker:

Wenn Sie wenig Zeit haben oder professionelle Hilfe suchen, können Sie Domain-Broker beauftragen, Ihre Domain-Namen zu verkaufen.

c. Direkter Verkauf:

Sie können potenzielle Käufer direkt kontaktieren, um ihnen Ihre Domain-Namen anzubieten.

6. Tipps für erfolgreiches Domain Flipping

Um im Domain Flipping erfolgreich zu sein, sollten Sie die folgenden Tipps beachten:

a. Geduld:

Domain Flipping erfordert Geduld, da es einige Zeit dauern kann, bis der Wert einer Domain steigt oder ein potenzieller Käufer gefunden wird.

b. Risikomanagement:

Setzen Sie nicht all Ihr Kapital auf eine Domain. Streuen Sie Ihr Risiko, indem Sie in mehrere Domains investieren.

d. Lernen und Anpassen:

Bleiben Sie auf dem Laufenden über aktuelle Trends, Branchennachrichten und Domain-Handelsstrategien, um Ihre Fähigkeiten zu verbessern und Ihren Erfolg zu maximieren.

d. Realistische Erwartungen:

Setzen Sie realistische Ziele und Erwartungen für Ihre Domain-Flipping-Aktivitäten. Nicht alle Domains werden zu Millionengewinnen führen, aber mit Geduld und Ausdauer können Sie dennoch beachtliche Gewinne erzielen.

Schlusswort: Domain Flipping ist eine interessante und potenziell profitable Möglichkeit, Geld im Internet zu verdienen. Mit den richtigen Strategien, der Fähigkeit, wertvolle Domain-Namen zu erkennen und zu erwerben, und dem Engagement, den Wert Ihrer Domains durch Programmierung, Design und Inhalt ihrer

Webseiten zu steigern, können Sie erfolgreich in den Domain-Handel einsteigen und möglicherweise erhebliche Gewinne erzielen.

Kapitel 17:

Aufbau Ihres eigenen Domain-Portfolios und langfristige Strategien

18.1 Einführung

In diesem Kapitel werden wir uns darauf konzentrieren, wie Sie ein erfolgreiches Domain-Portfolio aufbauen und langfristige Strategien entwickeln können, um Ihren Erfolg im Domain-Handel zu maximieren. Wir werden die Bedeutung der Diversifizierung, der Portfolio-Optimierung und der Anpassung an Marktveränderungen untersuchen.

18.2 Planung und Zielsetzung

Der Aufbau eines erfolgreichen Domain-Portfolios beginnt mit einer klaren Planung und Zielsetzung. Stellen Sie sich Fragen wie:

- Was sind Ihre langfristigen Ziele im Domain-Handel?
- Welche Branchen oder Nischen möchten Sie ansprechen?
- Wie groß soll Ihr Domain-Portfolio sein?

- Wie viel Zeit und Ressourcen möchten Sie in den Domain-Handel investieren?

Die Antworten auf diese Fragen werden Ihnen helfen, eine solide Grundlage für den Aufbau Ihres Portfolios und die Entwicklung langfristiger Strategien zu schaffen.

18.3 Diversifizierung

Eine erfolgreiche Domain-Portfolio-Strategie beinhaltet die Diversifizierung Ihrer Domain-Investitionen über verschiedene Branchen, Nischen und Domain-Endungen hinweg. Dies hilft, das Risiko zu reduzieren und Ihre Gewinnchancen zu erhöhen. Achten Sie darauf, dass Sie nicht alle Ihre Ressourcen in eine einzige Domain oder Branche investieren. Stattdessen sollten Sie ein ausgewogenes Portfolio aufbauen, das verschiedene Marktsegmente abdeckt.

18.4 Portfolio-Optimierung

Die Optimierung Ihres Domain-Portfolios ist ein wichtiger Schritt, um sicherzustellen, dass Sie die bestmögliche Rendite aus Ihren Investitionen erzielen. Dies kann durch regelmäßige

Überprüfung und Anpassung Ihres Portfolios erreicht werden, um sicherzustellen, dass es auf dem neuesten Stand der Marktbedingungen und Trends ist. Einige Möglichkeiten, Ihr Portfolio zu optimieren, umfassen:

- Den Verkauf von Domains, die nicht mehr rentabel sind oder nicht den gewünschten Wert haben
- Das Hinzufügen neuer Domains, die auf aufstrebende Trends oder Nischen abzielen
- Die Umstrukturierung Ihres Portfolios, um den Fokus auf rentablere oder wachstumsstärkere Segmente zu legen

18.5 Anpassung an Marktveränderungen

Der Domain-Markt ist ständig im Wandel, und erfolgreiche Domain-Verkäufer sind in der Lage, sich an diese Veränderungen anzupassen. Achten Sie auf neue Trends, Technologien und Marktbedingungen, die Auswirkungen auf Ihren Domain-Handel haben könnten. Einige Beispiele für Marktveränderungen, auf die Sie achten sollten, sind:

- Die Einführung neuer Domain-Endungen (TLDs)
- Veränderungen in der Nachfrage nach bestimmten Branchen oder Nischen
- Veränderungen in den Google-Algorithmus, die sich auf die SEO und den Wert von Domain-Namen auswirken
- Rechtliche oder regulatorische Veränderungen, die den Domain-Handel beeinflussen können

18.9 Langfristige Strategien

Um langfristigen Erfolg im Domain-Handel zu erzielen, ist es wichtig, langfristige Strategien zu entwickeln, die auf nachhaltigem Wachstum und Rentabilität abzielen. Einige der langfristigen Strategien, die Sie in Betracht ziehen sollten, sind:

- Aufbau einer starken Marke:

Entwickeln Sie eine Marke rund um Ihr Domain-Geschäft, die Vertrauen und Glaubwürdigkeit bei potenziellen Kunden aufbaut. Eine starke Marke kann dazu beitragen, den Wert Ihrer Domains zu steigern

und langfristig Kundenbindung und
Wiedererkennung zu fördern.

- Kontinuierliche Weiterbildung:

Bleiben Sie auf dem Laufenden über die
neuesten Trends, Technologien und Best
Practices im Domain-Handel. Dies kann Ihnen
helfen, besser informierte Entscheidungen zu
treffen und Ihre Strategien im Laufe der Zeit
anzupassen.

- Netzwerkaufbau:

Bauen Sie Beziehungen zu anderen Domain-
Verkäufern, Branchenexperten und potenziellen
Kunden auf. Ein starkes Netzwerk kann Ihnen
Zugang zu exklusiven Informationen,
Ressourcen und Geschäftsmöglichkeiten
bieten.

- Investition in Premium-Domains:

Wenn möglich, investieren Sie in hochwertige,
Premium-Domains, die das Potenzial haben,
im Wert zu steigen und langfristig hohe
Renditen zu erzielen. Premium-Domains
können auch dazu beitragen, die

Gesamtqualität und den Wert Ihres Domain-Portfolios zu erhöhen.

- Entwicklung von Domain-Monetarisierungsstrategien:

Erkunden Sie verschiedene Möglichkeiten, Ihre Domains zu monetarisieren, während Sie auf den Verkauf warten. Dazu können Domain-Parking, Affiliate-Marketing und die Schaffung von Inhalten für Ihre Domains gehören.

- Nachverfolgung von Leistung und Anpassung von Strategien:

Überwachen Sie die Leistung Ihres Domain-Portfolios kontinuierlich, um Trends, Erfolge und Schwächen zu identifizieren. Nutzen Sie diese Informationen, um Ihre Strategien anzupassen und die Rentabilität Ihres Portfolios zu maximieren.

Indem Sie diese langfristigen Strategien verfolgen und Ihr Domain-Portfolio kontinuierlich optimieren und anpassen, können Sie eine solide Grundlage für nachhaltigen Erfolg im Domain-Handel schaffen.

Kapitel 18:

Schlusswort und Ressourcen

18.1 Schlusswort

Der Erfolg im Domain-Handel erfordert Geduld, Hingabe und eine kontinuierliche Anpassung an sich ändernde Marktbedingungen. In diesem Buch haben wir die Grundlagen des Domain-Handels, verschiedene Strategien zur Bewertung und Vermarktung von Domains, den Aufbau eines erfolgreichen Domain-Portfolios sowie die Entwicklung langfristiger Strategien behandelt. Wir hoffen, dass Sie dieses Wissen nutzen können, um Ihr eigenes erfolgreiches Domain-Geschäft aufzubauen und aufrechtzuerhalten.

Denken Sie daran, dass der Domain-Handel Zeit und Mühe erfordert, um langfristig erfolgreich zu sein. Seien Sie bereit, Ihre Strategien im Laufe der Zeit anzupassen und neue Möglichkeiten zu erkunden, um Ihren Erfolg zu maximieren. Bleiben Sie am Ball, lernen Sie aus Ihren Erfahrungen und suchen Sie stets nach Möglichkeiten, Ihr Geschäft und Ihr Portfolio zu optimieren.

18.2 Ressourcen

Im Folgenden finden Sie eine Liste von Ressourcen, die Ihnen helfen können, im Domain-Handel erfolgreich zu sein:

- Domain-Registrare: Probieren Sie ICANN Registrar Secura aus.

Link:

https://www.domainregistry.de

Email: secura@domainregistry.de

- Domain-Marktplätze und Auktionsplattformen:

Sedo, Flippa, DAN.com, NameJet und Afternic sind einige der bekanntesten Plattformen, auf denen Sie Ihre Domains zum Verkauf anbieten oder auf andere Domains bieten können.

- Domain-Parking und Monetarisierung:

Anbieter wie Sedo, Bodis, ParkingCrew und Voodoo ermöglichen es Ihnen, Ihre ungenutzten Domains zu parken und Einnahmen aus dem generierten Traffic zu erzielen.

- Domain-Verwaltungssoftware:

ManageWP, Efty, DomainMOD und DomainPunch sind einige der beliebtesten Tools zur Verwaltung Ihres Domain-Portfolios und zur Organisation Ihrer Domain-Informationen.

- SEO- und Keyword-Recherche-Tools:

Ahrefs, SEMrush, Moz und Google Keyword Planner sind hilfreiche Tools, um Keywords und deren Wettbewerbsfähigkeit zu analysieren, die Sie bei der Auswahl von Domain-Namen verwenden können.

- Domain-Nachrichten und Blogs:

DomainNameWire, DomainSherpa, DNJournal und DomainInvesting sind großartige

Ressourcen, um auf dem Laufenden zu bleiben und die neuesten Nachrichten und Trends im Domain-Handel zu verfolgen.

- Domain-Handelsforen:

NamePros unc DNForum sind einige der bekanntesten Foren, in denen Sie sich mit anderen Domain-Verkäufern austauschen, Fragen stellen und Erfahrungen teilen können.

Nutzen Sie diese Ressourcen, um Ihr Wissen im Domain-Handel zu erweitern und Ihr Geschäft weiterzuentwickeln. Wir wünschen Ihnen viel Erfolg auf Ihrem Weg zum Domain-Handelsprofi!

Wir hoffen, dass dieses Buch Ihnen einen wertvollen Einblick in die Welt des Domain-Handels gegeben hat und Ihnen dabei hilft, fundierte Entscheidungen zu treffen, während Sie Ihre Domain-Handelskarriere aufbauen. Die hier vorgestellten Strategien und Ressourcen sind darauf ausgelegt, Ihnen dabei zu helfen, ein erfolgreiches Domain-Portfolio zu erstellen und Ihre Investitionen in Domains optimal zu nutzen.

Behalten Sie stets im Hinterkopf, dass der Domain-Handel eine dynamische Branche ist, die ständig neuen Herausforderungen und Chancen unterliegt. Erfolgreiche Domain-Händler sind diejenigen, die bereit sind, ihre Strategien kontinuierlich anzupassen, neue Trends und Technologien zu erkunden und aus ihren Erfahrungen zu lernen.

Bleiben Sie engagiert und konzentriert auf Ihre Ziele, während Sie sich auf Ihrem Weg zum Domain-Handelsprofi weiterentwickeln. Nutzen Sie die hier vorgestellten Ressourcen, um Ihr Wissen zu erweitern und Ihre Fähigkeiten im Domain-Handel zu verfeinern. Wir wünschen Ihnen viel Erfolg auf Ihrem Weg und hoffen, dass Sie die Chancen nutzen, die der Domain-Handel Ihnen bietet.

Weitere Bücher von Hans-Peter Oswald zu Domains, im Buchhandel und bei https://www.bod.de/buchshop/ erhältlich:

Warum Sie eine com-Domain für Ihre internationale Webseite verwenden sollten

Warum Sie eine De-Domain für Ihre Webseite verwenden sollten

Berlin-Domain - eine erste Adresse Deutschlands

Blockchain-Domains: Wie sie nützen und wie Marken schützen

Radio-Domain: Die Domain für Internet-Radios, Amateurfunker und Rundfunksender

Die Swiss-Domain - die zweite Länder-Domain der Schweiz

Warum Sie eine Forum-Domain für Ihr Internet-Forum verwenden sollten

Warum Sie Koeln-Domains und Cologne-Domains für Ihre Köln-Webseiten verwenden sollten.

Anmeldung von Marken beim Trademark Clearinghouse

Chancen und Gefahren der NEUEN TOP LEVEL DOMAINS

Haftungsausschluß:

Wir übernehmen keine Haftung für wirtschaftliche Folgen von Entscheidungen, die aufgrund unserer Tipps getroffen worden sind. Wir leisten mit unseren Informationen auch keine Rechtsberatung. Rechtsberatung im Einzelfall können nur Rechtsanwälte geben.

Impressum:
Bibliografische Information der Deutschen Nationalbibliothek:
Die Deutsche Nationalbibliothek verzeichnet diese Publikation in der Deutschen Nationalbibliografie; detaillierte bibliografische Daten sind im Internet über dnb.dnb.de abrufbar.

Copyright: © Hans-Peter Oswald

Herstellung und Verlag: BoD – Books on Demand, Norderstedt
ISBN Nummer: 9783754397183